Torben, Alex und Hannes

Klar, dass die uns Streiche spielen. Aber wer zuletzt lacht, lacht am besten!

Herr Wenker

Dass unser Sportlehrer auf die Fahrt mitkommt, war ja klar.

Frau Vogel

Aber Frau Vogel war eine echte Überraschung!

Conni und das Klassencamp

Julia Boehme

Conni und das Klassencamp

Mit Bildern von Herdis Albrecht

CARLSEN

Band 1 Conni auf dem Reiterhof
Band 2 Conni und der Liebesbrief
Band 3 Conni geht auf Klassenfahrt
Band 4 Conni feiert Geburtstag
Band 5 Conni reist ans Mittelmeer
Band 6 Conni und der verschwundene Hund
Band 7 Conni rettet Oma
Band 8 Conni und das Geheimnis der Kois
Band 9 Conni und die Jungs von nebenan
Band 10 Conni und das ganz spezielle Weihnachtsfest
Band 11 Conni und das Hochzeitsfest
Band 12 Conni in der großen Stadt
Band 13 Conni und die verflixte Dreizehn
Band 14 Conni und der Dinoknochen
Band 15 Conni und das tanzende Pony
Band 16 Conni und der große Schnee
Band 17 Conni rettet die Tiere
Band 18 Conni und die Detektive
Band 19 Conni und der Ferienzirkus
Band 20 Conni und die Burg der Vampire
Band 21 Conni und die große Eiszeit
Band 22 Conni und das neue Fohlen
Band 23 Conni und die wilden Tiere
Band 24 Conni und das Klassencamp

Abfahrt!

Eigentlich ist alles gepackt. Trotzdem schaut Conni ein letztes Mal in ihren roten Rucksack. Nicht, dass sie doch was vergisst. Stifte, Fotoapparat, eine große Tüte Gummibärchen sind schon mal dabei. Conni schaltet die Taschenlampe noch einmal an und aus. Die muss selbstverständlich funktionieren, wenn sie abends mit Anna und Billi etwas länger aufbleibt. Heimlich natürlich. Ausgelassen malt Conni mit ihrer Lampe einen großen Lichtkringel an die Decke. Sie fahren nämlich morgen mit Frau Reisig weg. Die ganze Klasse. In ein kleines Camp am See. Da können sie schwimmen, klettern, spielen, durch den Wald toben … Toll wird das!
Gerade lässt Conni die Lampe in den Rucksack zurückgleiten, da klopft Papa an die Tür.

„Wir haben gerade einen Anruf bekommen“, sagt er und setzt sich zu Conni aufs Bett. „Frau Reisig hat sich das Bein gebrochen!“
„Was?“ Conni starrt Papa an. Dann lacht sie. „Ach was, du veräppelst mich schon wieder!“
„Nee, leider nicht“, sagt Papa ernst. „Sie ist auf dem Rückweg von der Schule mit dem Fahrrad hingefallen und liegt jetzt im Krankenhaus.“
„Echt?“ Conni schluckt. „Ist es sehr schlimm?“
Papa zuckt mit den Schultern. „Ich hoffe nicht.“
„Weißt du noch, als ich mein Bein gebrochen hatte?“, fällt Conni ein. „Das tat ganz schön weh. Die arme Frau Reisig!“
Papa nickt. „Aber ich weiß auch, dass dein Bein wieder ganz gesund geworden ist.“
Conni lässt ihre Beine in der Luft zappeln. „Ich weiß nicht mal mehr, welches es war!“
„Siehst du?“ Papa lacht. „Und Frau Reisig geht es bestimmt auch bald besser. Sie kann bloß nicht mit euch wegfahren.“
„Ist ja klar“, murmelt Conni und schaut ein wenig wehmütig auf ihren gepackten Koffer. „Vielleicht fahren wir dann ja ein anderes Mal?“
„Nein“, sagt Papa. „Ihr fahrt morgen.“
„Aber wie denn das?“, staunt Conni.

„Herr Wenker kommt ja mit und dann springt noch eine junge Lehrerin ein“, erklärt Papa. „Frau Vogel heißt die. Sie muss ganz neu an der Schule sein.“
„Okay“, sagt Conni gedehnt. Klar freut sie sich irgendwie, dass sie trotzdem fahren. Aber ohne Frau Reisig? Die findet das doch bestimmt auch schade, dass sie nicht mitkommen kann.
„Meinst du, Frau Reisig freut sich, wenn wir ihr schreiben?“, fragt Conni.
„Oh ja, und wie!“, sagt Papa.
Und da muss Conni doch noch etwas in ihren Rucksack packen: ihr allerschönstes Briefpapier!

Am nächsten Morgen steht Conni mit ihrem Rollkoffer und dem roten Rucksack zwischen all den anderen auf dem Bahnsteig.

„Viel Spaß!“ Mama und Papa drücken sie noch einmal fest.

„Du kommst doch bald wieder, oder?“, fragt Jakob zaghaft.

„Klar doch!“ Conni lacht. Eben im Auto hatte er sich noch riesig gefreut, sie endlich mal los zu sein.

Dann ertönt ein lauter Pfiff. Der Bahnbeamte guckt sich verdattert um. Auf dem Bahnsteig pfeift eigentlich nur er!

Doch das scheint der jungen Frau egal zu sein. Sie bläst gleich noch mal auf ihrer Trillerpfeife.

„Achtung! Die Klasse von Frau Reisig bitte hierher und in Zweierreihen aufstellen!“, ruft sie.

Conni schaut sie neugierig an. Das muss Frau Vogel sein. Ja richtig, daneben steht ja auch Herr Wenker. Ihr Sportlehrer, der die Klasse auf der Fahrt wie geplant begleitet. Conni grinst. Die Idee mit der Pfeife ist wahrscheinlich von ihm.
„Tschüss!" Conni winkt Mama, Papa und Jakob ein letztes Mal zu, dann stellt sie sich neben Anna in die Reihe.
„Hallo alle zusammen, ich bin Frau Vogel", begrüßt die Lehrerin sie. „Ihr habt sicher schon von Frau Reisigs Unfall gehört. Sie hat sich das Bein gebrochen, deswegen springe ich für sie ein. Und ich hoffe, wir haben eine schöne Fahrt zusammen."
„Guten Morgen", sagt auch Herr Wenker. „Jetzt schön alle zusammenbleiben, hört ihr?"
„Na, wie findest du sie?", flüstert Anna Conni zu.
„Frau Vogel? Weiß nicht." Conni zuckt mit den Schultern.
„Ich finde, die sieht ganz nett aus", meint Anna. „Und sie trägt so schicke Schuhe!"
Conni reckt den Hals, aber im Gewühl sind Frau Vogels Schuhe gar nicht zu sehen. Und dann fährt auch schon der Zug ein.
„Kommt mit!" Frau Vogel führt sie zu einer Tür.

Nacheinander steigen alle Schüler ein.
„Conni, Anna, hierher!“
Billi hält Plätze für sie frei. Und da sind auch schon Nina und Serafina. Die fünf Freundinnen fahren nicht nur in der Bahn zusammen, sie wollen auch gemeinsam in einer Hütte schlafen. Das haben sie schon vor Wochen abgemacht. Gleich damals, als Frau Reisig die Fahrt ins Abenteuercamp angekündigt hatte.
„Wie's wohl Frau Reisig jetzt geht?“, fällt Conni ein.
Anna seufzt. „Hoffentlich schon ein bisschen besser.“

„Das ist wirklich Pech“, nickt Serafina.
„Wie findet ihr denn diese Frau Vogel?“, will Nina wissen.
„Mal gucken“, meint Billi. „Ein bisschen streng sieht sie aus.“
Nina nickt. „Und dann die Pfeife!“
„Trotzdem wird das eine super Fahrt“, sagt Serafina.
„Klar!“ Conni strahlt. „Denkt mal, was für tolle Sachen wir machen können. Allein schon in den Nächten, da quatschen wir dann immer ganz lange!“
„Au ja, und wir machen jeden Abend Pyjamaparty!“, meint Nina.
„Genau!“ Annas Augen leuchten. „Das wird voll cool!“

Während der Fahrt gucken die anderen Mädchen aus der Klasse bei ihnen vorbei: Lotta, Ina, Lisa und Clarissa.
„Es bleibt doch dabei?“, fragt Ina. „Wir vier

gehen in eine Hütte und ihr nehmt zusammen die andere?"
„Genau", sagt Conni. „So haben wir das doch auch mit Frau Reisig besprochen."
„Cool!" Lotta strahlt.
Lisa zwinkert Serafina zu. „Nächstes Mal sind wir zusammen, okay?"
„Abgemacht!", lacht Serafina.
„Also, dann ist ja wohl alles klar", meint Conni.
„Logo!" Glücklich klatschen sich die Mädchen ab.
„Na, ihr strahlt ja so", meint Frau Vogel, die gerade bei ihnen vorbeikommt.
„Wir haben nur noch mal geklärt, wer mit wem in welche Hütte geht", erklärt Anna.
„Oh, tut mir leid, das wird ausgelost", sagt Frau Vogel.
„Wir haben aber eine prima Lösung", sagt Conni. „Mit der alle glücklich sind."
„Das mag ja sein", antwortet Frau Vogel kühl. „Es wird dennoch ausgelost." Und damit geht sie einfach weiter.
„Oh nee!", japst Nina.
„Das kann die doch nicht machen!", ruft Lotta. „Frau Reisig war doch längst einverstanden."

„Kommt, lasst uns noch mal mit ihr reden", meint Conni.
Sie und Billi laufen durch den schwankenden Zug. Frau Vogel sitzt ganz hinten im Waggon.
„Wir haben das aber schon alles mit Frau Reisig ausgemacht", erklärt Conni.
„Jetzt bin ich aber da", sagt Frau Vogel knapp.
„Aber …", setzt Billi an.
„Keine Diskussion", unterbricht Frau Vogel sie. „Ich habe da so meine Prinzipien."
Und damit ist das Gespräch für sie beendet.
„Prinzipien? Was denn für welche?", schnappt Ina, als Conni und Billi alles erzählen.
„Das ist doch klar", grummelt Nina. „Wie sie uns am besten die Fahrt versaut!"
„Ach was!" Conni lacht. „Das geht doch gar nicht!"

Daumen drücken

Kurz nachdem die große Gummibärchentüte leer ist, rollen sie in ihren Bahnhof ein. Draußen bläst Frau Vogel wieder auf der Trillerpfeife und führt den ganzen Trupp durchs Städtchen. Alles ist perfekt: Der Himmel ist blau, die Sonne scheint. Fast ist es ein bisschen zu heiß.

Conni ist froh, dass sie ihren Rollkoffer dabeihat. Anna muss ihre Reisetasche immer wieder absetzen, weil sie so schwer ist.

„Ich hab noch eine Hand frei", meint Conni und greift einen der beiden Henkel. So tragen sie die Tasche gemeinsam.

Etwas schwieriger wird es, als sie gleich hinter dem Ort in einen Waldweg abbiegen. Da holpert Connis Koffer über Wurzeln und Steine und kippt immer wieder um.

„Wir sind bald da", verspricht Herr Wenker, der mit ihnen ganz hinten läuft. Er zieht einen Bollerwagen mit allen möglichen Vorräten. Anna darf ausnahmsweise ihre Tasche obendrauf legen. Conni, die weiter mit ihrem Koffer kämpft, kommt es allerdings noch ziemlich weit vor. Doch es hat sich gelohnt: An einem See warten fünf bunt angestrichene Holzhütten auf sie. Es gibt einen schönen Sandstrand und sogar einen Steg, an dem ein Ruderboot vertäut ist. Vor dem Wald liegt ein Spielplatz mit Fußballtoren, Baumhäusern, Schaukeln und einem riesigen Trampolin.

„Super!“ Conni, Anna und Billi strahlen sich an. Jetzt müssen sie nur noch in ein und dieselbe Hütte kommen!

Torben, Alex und Hannes sind schon dabei, die grüne Hütte zu entern, als Frau Vogel sie im wahrsten Sinne des Wortes zurückpfeift.
„Wer mit wem in welche Hütte kommt, wird ausgelost“, ruft sie.
Die ganze Klasse stöhnt, denn auch die Jungs haben längst unter sich ausgemacht, wer sich ein Zimmer teilt.
„Bei einer Klassenfahrt geht es darum, dass man alle in der Klasse besser kennenlernt und nicht immer nur mit seinen Freunden zusammengluckt“, erklärt Frau Vogel.
Herr Wenker nickt zustimmend. Und schon zaubert Frau Vogel einen großen Umschlag aus ihrer

Tasche. „Hier sind Zettel mit allen Mädchennamen drin.“ Sie nickt Paul zu, der ganz in ihrer Nähe steht. „Und du ziehst jetzt die ersten fünf Namen.“

Paul greift in den Umschlag und holt einen zusammengefalteten Zettel hervor.
Frau Vogel muss sie während der Zugfahrt geschrieben haben.
„Anna“, liest er vor.
Nina ist die Nächste, dann kommen Billi und Serafina.
Das ist ja kaum zu glauben, jetzt fehlt nur noch Conni und dann haben sie genau die Aufteilung, die sie sich gewünscht haben!
Conni drückt beide Daumen, so fest sie kann.
Atemlos sieht sie zu, wie Pauls Hand in den Umschlag gleitet, umständlich darin herumwühlt und einen Zettel zieht.
Frau Vogel faltet ihn auseinander. Connis Daumen sind schon ganz weiß vor lauter Drücken.
„Lisa“, liest Frau Vogel vor.
Was? Lisa? Conni wird ganz schlecht. Das darf doch nicht wahr sein! Alle ihre Freundinnen sind

zusammen – nur sie nicht! Conni schaut zu Lotta, Ina und Clarissa hinüber. Klar, die sind auch nett. Aber beste Freundinnen sind eben was anderes! Auch Paul hat Pech, der kommt mit Torben und Alex in eine Hütte. Das hätte er sich freiwillig auch nicht ausgesucht, aber er hat wenigstens Simon mit dabei.

„Kann ich nicht mit Lisa tauschen?“, wendet sich Conni an Herrn Wenker. Vielleicht ist wenigstens der auf ihrer Seite. Doch der schüttelt den Kopf. „Man muss auch mal offen für Neues sein.“

Frau Vogel dreht sich zu Conni um.

„Na komm!“, sagt sie und begleitet sie zu ihrer Hütte hinüber.

Die will nur aufpassen, damit ich nicht heimlich mit Lisa tausche, denkt Conni und kommt missmutig hinterher.

Die Hütten bestehen nur aus einem einzigen Zimmer. Darin sind Stockbetten, Spinde sowie ein kleiner Tisch mit Stühlen. In einer Nische befindet sich ein Handwaschbecken. Ein Häuschen mit Toiletten und Duschen gibt es extra. Seufzend bezieht Conni ihr Bett. Jetzt muss sie auch noch unten schlafen, weil sie als Letzte kommt. So ein Mist!

Wenig später ertönt draußen ein Pfiff. Das kann ja nur Frau Vogel sein. Richtig, sie und Herr Wenker stehen vor dem Lehrerhäuschen.
„Bitte alle herkommen!“, rufen sie. „Es gibt noch ein paar Ankündigungen!“

Als die Letzten eintrudeln, guckt Frau Vogel auf die Uhr. „So, das hat jetzt fast vier Minuten gedauert. Das muss besser werden, viel besser. Sobald ich oder Herr Wenker pfeifen, saust ihr zu uns. Wer als Letztes kommt, kriegt einen Strich.“
„Was denn für’n Strich?“, ruft Salim.
Frau Vogel klopft gegen die Tafel, die an der Wand der Lehrerhütte hängt. Die vier Hütten stehen darauf und daneben die Namen der Kinder, die darin untergebracht sind.

„Je nachdem, wie ihr euch aufführt, könnt ihr Pluspunkte oder Minusstriche bekommen. Diese Striche gelten nicht für euch allein, sondern immer für die ganze Hütte“, erklärt Frau Vogel. „Wir hoffen, dass ihr so ein bisschen gegenseitig aufeinander aufpasst. Die Hütte mit den meisten Pluspunkten gewinnt am Ende der Fahrt eine tolle Überraschung.“

„Und wie bekommt man Pluspunkte?“, fragt Anna.

„Durch gutes Benehmen, Hilfsbereitschaft, mit ordentlich gemachten Betten …“

„Und Minusstriche?“, fragt Alex.

„Ganz einfach, wenn man sich nicht an die Regeln hält. Zum Beispiel, wenn ich jemanden nach 21 Uhr außerhalb seiner Hütte erwische.“

„Und wenn ich aufs Klo muss?“, röhrt Torben.

Ein paar kichern, aber Frau Vogel lässt sich nicht aus der Ruhe bringen. „Dazu hast du vorher ausreichend Gelegenheit. Um neun wird geschlafen!“

„Dann sind da noch die Mahlzeiten“, schaltet sich Herr Wenker ein. „Gefrühstückt wird in den Hütten, zu Mittag und zu Abend essen wir gemeinsam auf dem Picknickplatz. Bei uns im

Lehrerhaus gibt es eine Küche. Da holt ihr das Essen und stellt anschließend das schmutzige Geschirr in den Geschirrspüler. Durch freiwilliges Ausräumen der Maschine kann man sich Pluspunkte holen. Kochen müssen wir auch selbst. Jede Hütte ist einmal dran."
„Oh nee", grummeln manche. „Ob das dann schmeckt?"
„Herr Wenker und ich fangen heute an und übernehmen das Abendessen", sagt Frau Vogel. „Aber vorher haben wir ja noch ein bisschen Zeit. Wie wär's, wenn wir uns nach der langen Fahrt ein bisschen im See abkühlen?"
Jubelnd sausen alle los, um sich ihre Badesachen anzuziehen.
Beim Reingehen ist das Wasser ziemlich kühl. Doch ist man erst einmal drin, ist es einfach nur noch schön.

Conni, Anna und Billi schwimmen gemeinsam zu einer Badeinsel, die nahe am Ufer vertäut ist.
„Wer zuerst da ist!“, ruft Conni und legt einen Zahn zu. Atemlos erreicht sie die Leiter, gleich hinter ihr kommen Billi und Anna. Schon sind die drei oben, setzen sich auf den Rand und lassen die Füße im Wasser baumeln.
„Ist das schön hier!“, meint Conni. Dann fällt ihr Blick auf die bunten Hütten. Sie seufzt.
Billi hat gleich verstanden. „Schon blöd, dass du nicht bei uns bist!“
„Ja, auch wegen der Pyjamaparty“, meint Anna.
„Die machen wir trotzdem“, sagt Conni entschlossen.
Anna und Billi schauen sie groß an.
„Ich komme heute Nacht heimlich zu euch, okay?“
„Super“, freut sich Billi.
Anna guckt eher ängstlich. „Aber nicht, dass dich Frau Vogel erwischt!“
„Ach, was! Ich pass schon auf“, verspricht Conni und lässt sich – platsch – ins Wasser fallen.

Zwischen allen Stühlen

Gleich nach dem Abendessen kramt Conni ihr Briefpapier hervor.
„Wollen wir Frau Reisig nicht einen Brief schreiben?“, fragt sie in die Runde.
„Au ja!“ Anna und Billi sind gleich mit dabei. Nacheinander schreibt jede einen Satz. Dann machen Clarissa und Nina weiter.
Und Serafina hat eine gute Idee. „Wollen wir nicht alle unterschreiben?“
„Na klar!“, ruft Conni. „Die Jungs auch. Und jeder malt eine Blume dazu, dann bekommt Frau Reisig einen ganzen Blumenstrauß von uns!“
Und wirklich, es machen alle mit:

Clarissa
Salim
Alex
Hannes
Billi
Leon
Nina
Anna
Torben
Liebe Frau Reisig,
es tut uns ganz furchtbar leid, dass Sie
sich das Bein gebrochen haben.
Hoffentlich tut es nicht zu doll weh?
Im Abenteuercamp ist es schön, aber
noch schöner wäre es mit Ihnen!
Kommen Sie bald aus dem Kranken-
haus?
WIR HOFFEN, IHREM BEIN GEHT ES SCHON
VIEL BESSER!
Wir dachten, Sie freuen sich über einen
Blumenstrauß. Der hier bleibt für immer
frisch!
Gute Besserung!
Lisa
Ina
Conni
Lotta
Serafina
Paul
Nick

Abends um neun machen die Lehrer ihre Gute-Nacht-Runde. Während Herr Wenker bei den Jungen nach dem Rechten schaut, sieht Frau Vogel nach den Mädchen.
„Jetzt wird geschlafen", sagt sie und knipst auch in Connis Hütte das Licht aus. „Gute Nacht und träumt was Schönes!"
Natürlich tuscheln die Mädchen danach noch ein wenig. Doch dann wird es langsam ruhig und Lotta, Clarissa und Ina schlafen endlich ein. Conni wartet sicherheitshalber noch einen Moment, bevor sie sich leise aus dem Bett rollt. Im Dunkeln schlüpft sie in ihre Schuhe und greift nach der Taschenlampe und einer Packung Kekse. Was ist eine Pyjamaparty ohne Süßigkeiten? Auf Zehenspitzen geht sie zur Tür. Gerade ist sie neben Lottas Bett, als die sich schnaufend umdreht und ein paar Worte murmelt. Conni bleibt wie erstarrt stehen. Doch als sich Lotta nicht mehr rührt, schleicht sie weiter. Sachte drückt sie die Klinke hinunter und schlüpft nach draußen. Gebannt schaut Conni zur Lehrerhütte. Dort brennt noch Licht, während es in allen anderen Hütten dunkel ist. Sie muss ganz leise sein. Die Taschenlampe lässt sie lieber aus. Der Mond

scheint sowieso hell genug. Geduckt huscht Conni zum nächsten Baum. Die Lehrerhütte lässt sie dabei nicht aus den Augen. Dabei hätte sie lieber mal auf die grüne Hütte achten sollen. Dann hätte sie vielleicht bemerkt, dass sich dort langsam ein Fenster öffnet.

„He, wer ist denn da?“, dröhnt es plötzlich von dort.
Conni wirbelt herum. Jetzt erst hat sie Torben entdeckt. Und er sie.
„Du, Conni? Das hätte ich echt nicht von dir gedacht!“, brüllt er lachend.
„Psst!“, zischt Conni.
Dieser Idiot! Was soll sie bloß machen? Schnell zur roten Hütte laufen, wo Anna und Billi auf sie warten, oder lieber zurück zu ihrer?
Aber da geht schon die Tür der Lehrerhütte auf und Frau Vogel kommt heraus.
„Wer ist da?“, fragt sie laut.
Conni versteckt sich hinter dem Baum. So ein

Mist! Wenn Torben nur nicht so herumgebrüllt hätte!
„Hallo?“, ruft Frau Vogel.
Conni duckt sich noch ein wenig tiefer.
Doch Frau Vogel entdeckt sie trotzdem. „Conni, was hast du hier zu suchen?“
„Ich ... ich ...“, stammelt Conni.
„Musstest du etwa auf die Toilette?“, fragt Frau Vogel.
Conni nickt erleichtert. „Ja, genau, ganz dringend.“
„Und da nimmst du wohl immer Kekse mit, ja?“, grummelt Frau Vogel.
Conni wird rot.
„Das gibt gleich zwei Striche, meine Liebe“, sagt Frau Vogel streng. „Einen fürs Rumschleichen und den anderen fürs Flunkern.“
Conni schluckt. Was soll sie auch sagen?
„Jetzt aber ab ins Bett!“, befiehlt Frau Vogel.
Wortlos läuft Conni zu ihrer Hütte zurück. Das war's wohl mit der Pyjamaparty. Doch was noch schlimmer ist, wie soll sie den anderen die beiden Striche erklären?

Gleich beim Aufstehen beichtet Conni es. Dann hat sie es hinter sich.
„Zwei Minusstriche? Spinnst du?“, fährt Lotta sie an.
Noch vor dem Frühstück laufen sie gemeinsam zur Tafel, um nachzusehen. Und wirklich:
„Wir sind die erste Hütte mit Minusstrichen“, stellt Lotta fest. „Nicht mal Torben hat einen!“
Ina nickt. „Den ersten Preis können wir vergessen. Und du hast es vermasselt!“
„Tut mir leid“, nuschelt Conni kleinlaut.
„Was wolltest du da draußen eigentlich?“, fragt Clarissa.
„Nur mal kurz bei Anna und Billi vorbeischauen.“ Conni starrt auf ihre Schuhspitzen. „Wo wir doch nicht zusammen schlafen.“
Lottas Augen werden gefährlich schmal. „Wir sind dir wohl nicht gut genug, was?“

„Doch, na klar!“, sagt Conni schnell. „Nur, die beiden sind eben meine besten Freundinnen.“
Clarissa, Lotta und Ina schauen sie missbilligend an.
„Von uns aus kannst du auch woanders schlafen“, sagt Ina kühl.
Und damit drehen sie sich um, um das Frühstück zu holen.
Bedröppelt bleibt Conni stehen. Dann läuft sie zu Anna und Billi rüber.
„Wo warst du denn?“, fragt Anna. „Wir sind gestern extra lange aufgeblieben!“
„Frau Vogel hat mich erwischt“, erzählt Conni. „Habt ihr Torben nicht rufen gehört?“
Billi und Anna schütteln die Köpfe.
„Unsere Hütte hat zwei Striche bekommen“, murmelt Conni bedrückt. „Ich glaub nicht, dass ich das heute noch mal riskieren kann.“
„Besser nicht“, meint Anna. „Sonst kriegen wir nachher auch noch einen Strich.“
„Diese doofe Frau Vogel“, schimpft Conni.
Anna schaut sie schräg an. „Ich finde die eigentlich ganz in Ordnung!“
„Auch wenn's für uns blöd ist“, mischt sich Billi ein. „Die Idee, dass man auf einer Klassenfahrt

nicht immer nur mit den Freunden rumhängt, ist schon irgendwie richtig."

Jetzt nehmen die auch noch Frau Vogel in Schutz! Was sind denn das für Freundinnen? Conni rollt mit den Augen.

„Na, vielen Dank!", meint sie und macht auf dem Absatz kehrt.

„He, Conni, warte doch!" – „Was hast du denn?", rufen Anna und Billi ihr hinterher.

Conni dreht sich noch einmal um. „Tut mir leid, ich muss jetzt zurück. Ich kann doch auf einer Klassenfahrt nicht die ganze Zeit nur mit meinen Freunden rumhängen."

Sauer läuft sie zu ihrer Hütte.

Clarissa, Ina und Lotta haben den kleinen Tisch und die Stühle vor die Tür gestellt und frühstücken draußen. Für Conni haben sie nicht gedeckt. Überhaupt tun sie so, als ob sie Luft wäre.

Egal, denkt Conni. Der Appetit ist ihr eh vergangen. Drinnen rollt sie sich einsam auf ihrem Bett zusammen. Toll, diese Klassenfahrt! Echt super!

Plötzlich steht Clarissa vor ihrem Bett.

„Willst du denn gar nichts essen?", fragt sie und lächelt Conni an.

Conni setzt sich auf. „Doch“, antwortet sie und lächelt zaghaft zurück.
Draußen auf dem Tisch stehen jetzt ein Teller und eine Tasse mit Tee für sie.
„Das mit den Strichen tut mir echt leid“, entschuldigt sich Conni noch mal.
„Wir müssen halt sehen, wie wir das wieder ausgleichen können“, meint Ina.
„Ich melde mich heute zum Küchendienst“, schlägt Conni vor. „Damit kann ich wenigstens einen Strich wiedergutmachen.“

„Okay“, nickt Lotta. „Und wir bringen die Hütte in Schuss. Betten machen gab doch auch einen Pluspunkt, oder?“
„Oje“, stöhnt Ina. „Das ist ja schlimmer als zu Hause!“
Nach dem Frühstück hilft Conni also Butter, Marmelade und Aufschnitt in den Kühlschrank zu packen, Geschirr in die Maschine zu sortieren und die Tabletts abzuwaschen. Clarissa kommt sogar und hilft ihr dabei.
„Das ist echt nett“, murmelt Conni überrascht.
„Ach was“, winkt Clarissa ab. „Gemeinsam macht das einfach mehr Spaß!“

Dann ruft Herr Wenker alle zusammen. „Heute ist großer Spiel- und Sporttag", verkündet er. „Zieht euch Sportsachen an, wir treffen uns hinten auf der Wiese!"
„Das war ja klar", meint Conni, während sie ihre Turnschuhe zubindet. „Wenn Herr Wenker mitkommt, gibt's jede Menge Sport."
„Hoffentlich müssen wir nicht erst 100-mal im Kreis rennen", seufzt Ina. „So wie in der Schule!"
Aber statt langweilige Runden zu laufen, spielen sie Fangen zum Aufwärmen. Und dann Völkerball.
Geschickt weicht Conni aus und springt zur Seite, wenn der Ball kommt. Aber irgendwann erwischt es sie doch.
Wumms, knallt ihr Alex den Ball ans Bein.
Mist, jetzt ist sie auch abgeworfen – wie schon die

meisten ihrer Mannschaft. Conni trottet ins Aus. Es sieht ganz so aus, als ob ihre Mannschaft verliert. Umso mehr freut sich das andere Team. Allen voran Torben.
„Die Sieger bekommen einen Pluspunkt“, ruft er und hüpft ausgelassen auf dem Spielfeld hin und her, damit ihn auch ja keiner erwischt.
„Nee, mein Lieber, hier geht’s mal nicht um Plus- und Minusstriche“, stellt Herr Wenker klar.
„Um was denn dann?“, mault Torben. Hier beim Sport hätte er seiner Hütte leicht ein paar Pluspunkte gesichert.
„Um die Freude an der Bewegung“, sagt Herr Wenker.
„Ach, Manno!“ Torben bleibt laut stöhnend stehen.
Conni, die im Außenfeld gerade den Ball erwischt hat, nutzt den Moment. Zack – schon knallt sie ihn gegen Torbens Po.
„Autsch!“, brüllt der.
„Abgeworfen!“, jubelt Conni und grinst. Völkerball hat ihr noch nie so viel Spaß gemacht!

Christbaumschmuck

Nach dem Sport haben alle riesigen Hunger. Aber erst einmal muss gekocht werden. Und ausgerechnet Connis Hütte ist heute dran.
„Wenn wir uns richtig Mühe geben, kriegen wir vielleicht einen Pluspunkt“, hofft Ina.
Doch den kriegen sie nicht. Im Gegenteil: Die Spaghetti kleben zu einem matschigen Klumpen zusammen. Und dann haben sie statt Salz aus Versehen Zucker genommen! So richtig zu retten ist das nicht …
„Ich finde, das gibt einen Minusstrich für miserables Kochen“, meint Torben charmant.
Den gibt es zum Glück nicht. Aber die gerümpften Nasen und langen Gesichter der anderen sind schlimm genug. Am schlimmsten für Conni ist aber die Reaktion von Anna und Billi.

„Ich hätte nie gedacht, dass ich Spaghetti mal nicht mag“, sagt Billi. Wahrscheinlich meint sie es gar nicht so böse. Aber Anna ist richtig pampig.
„Gratuliere“, sagt sie. „Wie habt ihr das denn hingekriegt?“
„Kocht doch erst mal selber!“, ruft Lotta.
„Genau!“ Conni funkelt die beiden an. Irgendwie ist sie plötzlich doch ganz froh, dass sie mit denen nicht in einer Hütte schläft!
Nach einer kurzen Mittagspause gehen alle noch mal baden. Und am späten Nachmittag, als die Sonne

nicht mehr ganz so heiß scheint, trommelt Herr Wenker sie zu einem kleinen Waldlauf zusammen.
„Macht euch schnell fertig, in zehn Minuten geht’s los.“
Conni, Lotta, Ina und Clarissa laufen zur Hütte hinüber, um sich ihre Turnschuhe anzuziehen. Eigentlich hätte Conni schwören können, dass sie ihre Schuhe in den Schrank gestellt hat. Aber da sind sie nicht!
„Habt ihr meine Schuhe gesehen?“, fragt sie verblüfft.

„Meine sind auch weg“, meint Clarissa.
„Meine auch!“, ruft Ina.
Lotta stemmt die Arme in die Seiten. „Irgendjemand muss sie versteckt haben!“
Wie verrückt beginnen sie zu suchen: Sie schauen in allen Schränken nach, unter den Betten, hinter der Heizung. Aber nirgends sind die Schuhe zu finden.
„Das können nur die Jungs gewesen sein“, vermutet Conni. „Ich schau mal draußen nach!“
Schon ist sie aus der Tür. Nanu, da liegt ja ein Zettel unter der Fußmatte!
„Schatzkarte“ steht darauf, in ganz kritzeligen Buchstaben. Conni kann sich schon denken, wer das geschrieben hat.

Auf einem Plan ist ihre Hütte eingezeichnet und ganz in der Nähe ein großes Kreuz. Die Mädchen folgen der Karte. Ungefähr da, wo das Kreuz ist, steht ein Baum.
„Und wo sollen hier die …“ Mitten im Satz bricht Clarissa ab. Sie hat – genau wie Conni, Lotta und Ina – die Schuhe entdeckt. Irgendjemand hat sie

paarweise an den Schuhbändern zusammengebunden und über die Äste geworfen. Da baumeln sie nun. Auch wenn es keine Tanne ist, es sieht aus wie Christbaumschmuck.

Die Mädchen schauen sich an.
„Und wie kriegen wir die jetzt wieder?“, fragt Ina ratlos.
„Ganz einfach!“ Conni klettert los, zieht sich an einem dicken Ast nach oben, schon hat sie das erste Paar erreicht. Sie wirft es zu den anderen hinunter. Dann steigt sie noch etwas höher und angelt sich das zweite Paar. Die anderen Schuhe hängen allerdings weit außen an dünnen Zweigen, wo man nicht hinkann, wenn man nicht leicht wie ein Eichhörnchen ist.

„Und jetzt?“, fragt Lotta.
„Wir bräuchten einen Stab oder so was“, überlegt Clarissa.
„Wir können ein Ruder nehmen“, fällt Conni ein.
„Na klar!“ Schon holt Ina eins aus dem Boot am See.
Sie haben Glück, es ist gerade lang genug. Trotzdem muss Ina mehrmals hoch in die Luft springen, um die Schuhe über den Ast zu stupsen. Endlich gelingt es ihr.
Geschafft! Erleichtert ziehen sich die Mädchen die Turnschuhe an. Jetzt aber schnell!
Die ganze Klasse wartet schon auf sie. Conni sucht mit den Augen nach Torben. Der grinst sie breit an. Klar hat der was damit zu tun! Und er grinst gleich noch breiter, als Frau Vogel mit roten Wangen ruft: „Wo wart ihr denn so lange? Das gibt jetzt aber einen Strich!“
„Das ist voll ungerecht“, platzt Lotta los. „Jemand hat unsere Turnschuhe in den Baum geworfen und wir mussten die erst herunterholen!“
„Jemand hat WAS gemacht?“ Frau Vogel runzelt die Stirn.
„Unsere Schuhe hingen in dem Baum da, ganz hoch oben“, erklärt Clarissa.

„Wer war das?“, fragt Frau Vogel streng.
Natürlich meldet sich niemand.
Conni schaut Torben scharf an. Doch der muss auf einmal seine Schuhe neu binden. Als ob die Schnürbänder vom Rumstehen aufgegangen wären.
„Egal, wir laufen jetzt!“, ruft da Herr Wenker.
Alle setzen sich in Bewegung und traben hintereinander den Waldweg entlang.
Conni schaut sich nach Billi und Anna um. Aber die laufen ausgerechnet neben Frau Vogel. Da bleibt Conni lieber bei ihrem Hüttenteam. Außerdem haben sie ja noch etwas zu besprechen.
„Das war bestimmt Torben“, vermutet Conni.
„Aber garantiert!“, schnauft Lotta.

„Was meint ihr?“, fragt Ina. „Müssen wir uns da nicht auch was Schönes für ihn ausdenken?“

„Puh, ich kann nicht mehr!“ Nach dem Waldlauf pfeffert Conni ihre Turnschuhe in die Ecke und wirft sich aufs Bett.

„Ich auch nicht!“ Clarissa plumpst neben Conni auf die Matratze.

„Da hilft nur eins!“ Lotta kramt ein Tütchen Schokoladenkäfer aus ihrer Tasche. „Guckt mal, die habe ich von meiner Oma bekommen. Wollt ihr einen?“

Natürlich! Was für eine Frage!

„Die sind zum Essen fast zu schade.“ Conni beißt zu. „Aber nur fast!“

„Och, die sind ja hohl“, meint Clarissa ein wenig enttäuscht.

Plötzlich meldet sich Ina. „Hast du nicht noch einen Käfer für Torben?“

„Für Torben?“, fragt Conni. „Spinnst du?“

„Ich dachte nur, wir könnten ihn für Torben füllen“, meint Ina.

Conni, Lotta und Clarissa verstehen erst nicht. Also muss Ina noch deutlicher werden. „Ich meine, war da nicht noch eine Tube Senf in der Küche?“

„Au ja!“ Endlich hat Conni verstanden, worauf Ina hinauswill. „Ganz bestimmt ist da Senf!“
Lotta fällt es nicht ganz leicht, ihren letzten Käfer zu opfern. „Aber es ist ja für eine gute Sache“, meint sie.
Conni nickt. „Für eine sehr gute sogar!“

Sauer macht lustig!

Unbemerkt schleichen die vier in die Küche. Frau Vogel und Herr Wenker sind unten am Strand, da einige noch baden wollen. Sie haben also sturmfreie Bude.
Ganz vorsichtig wickeln sie den Käfer aus. Dann bohrt Clarissa mit der Messerspitze ein kleines Loch unten in den Käferbauch und in das Loch pressen sie Senf aus der Tube. Es klappt!
„Superduper!“ Ina tanzt durch die Küche. „Ich freu mich jetzt schon auf Torbens Gesicht!“
Sorgfältig wird der Käfer wieder eingewickelt und sieht fast aus wie neu.
„Und jetzt?“, fragt Clarissa. „Wir können ihn Torben ja nicht einfach so in die Hand drücken. Dann weiß er ja gleich, dass er von uns ist.“
Conni überlegt. „Torben hat doch seinen Lieb-

lingsplatz, wo er immer isst. Da legen wir ihn einfach hin!“

Unter dem großen Ahornbaum liegt der Picknickplatz. Kurz vor dem Abendbrot platzieren sie den Käfer auf Torbens Tisch.

Dann setzen sie sich nebenan auf die Wiese, tun, als ob sie Karten spielen, und beobachten die Szene.

„Und wenn ihn ein anderer nimmt?“, fragt Clarissa ängstlich.

„Niemals!“ Conni schüttelt entschlossen den Kopf. Torben ist immer einer der Ersten, weil er nämlich immer hungrig ist!

Wenige Augenblicke später bläst Frau Vogel auf ihrer Trillerpfeife.

„Abendessen!“, ruft sie. „Bei Herrn Wenker in der Küche gibt es Würstchen mit Kartoffelsalat!“

Schon stürmen die Jungs aus ihrer Hütte. Allen voran Torben. Conni hebt den Daumen.

Allerdings hat sie nicht mit Frau Vogel gerechnet. Die kommt als Erste, verteilt Flaschen mit Saft

und Wasser, fegt ein paar Blätter von den Tischen – und entdeckt den Käfer.
Sie stutzt, schaut sich um und schnappt ihn sich.
Was macht die denn da? Conni wird ganz flau.
Die wird doch nicht? Doch, sie wird: Schon wickelt Frau Vogel den Käfer aus und schiebt ihn sich in den Mund. Am Stück.
„Oh nein“, japst Clarissa.
Frau Vogel beißt zu und ihr Gesicht verzieht sich zu einer Grimasse.
Conni kichert leise – sie kann gar nicht anders.
Während die Lehrerin zum Waschhaus läuft, schlendern die Mädchen davon. Ganz ruhig und unauffällig.
„Au Backe, das gibt jetzt aber richtig Ärger“, seufzt Clarissa.
„Das glaube ich nicht“, sagt Conni. „Dann müsste sie ja zugeben, dass sie sich über fremde Schokokäfer hermacht.“
Und wirklich: Frau Vogel verliert kein Wort über den Vorfall. Glück gehabt!
Die Frage ist bloß: Was ist mit Torben?
„Mist, dass die Käfer schon alle sind!“, ärgert sich Conni.

„Aber in der Küche gibt's Zitronensaft", meint Lotta und ihre Augen blitzen. „Ich glaub, ich hab da eine Idee!"
Nur gut, dass sie beim Essen ganz in Torbens Nähe sitzen. Der merkt gar nicht, dass er beobachtet wird. Hungrig macht er sich über das Würstchen und den Kartoffelsalat her und trinkt dazu wie immer Apfelsaft. Sehr gut! Und wie immer reicht ihm eine Portion nicht. Er holt sich Nachschub. Noch besser! Denn kaum dreht er dem Tisch den Rücken, läuft die Aktion „Gib Saures!".
Conni tut so, als ob sie sich auch einen Nachschlag holen will. Als sie an den Jungs vorbeigeht, kommt sie ins Stolpern. Fast fällt sie.
„Menno, Beinstellen ist echt fies!", faucht sie Alex an.
„Ich hab doch gar nichts gemacht!", ruft Alex empört.
Sofort ist ein Riesentumult am Tisch. Und keiner merkt, dass Lotta blitzschnell Torbens Glas vertauscht.
Conni wirft den Jungs einen letzten finsteren Blick zu und saust in die Küche, um sich noch eine Wurst zu holen.

Schnell, sie muss sich beeilen, um vor Torben zurückzukommen. Den Spaß darf sie auf keinen Fall verpassen!
Gerade setzt sie sich auf ihren Platz, als Torben mit einem vollen Teller zurückkehrt.
Die Mädchen schielen heimlich zu ihm hinüber. Doch statt zu trinken, schaufelt Torben erst einmal den Kartoffelsalat in sich hinein und isst das Würstchen. Fast glaubt Conni schon, er will gar nichts mehr trinken, als er endlich zum Glas greift.
Torben trinkt einen großen Schluck und verzieht das Gesicht. Dann prustet er los und sprüht den sauren Saft über den Tisch.
„Iiiih!“, kreischen die Jungs. Doch Torben flitzt schon zum Waschhaus, um sich den Mund auszuspülen.
Als er zurückkommt, sind die Mädchen fertig mit Essen und haben ihr Geschirr in die Küche gebracht. Und der Zitronensaft steht längst wieder im Schrank, wo er hingehört.

Die Detektive

Nach dem Spiel- und Sporttag übernimmt am nächsten Morgen Frau Vogel wieder das Kommando.

„Heute sind wir Walddetektive“, erklärt sie.

Conni stupst Clarissa an. „Das klingt nicht schlecht, oder?“

„Wir haben jede Menge Verdächtige“, fährt Frau Vogel fort. „Nämlich alle mit sechs Beinen oder mehr!“

„Oh nee“, stöhnt Hannes. „Von wegen Detektive. Wir müssen nur eklige Krabbelviecher suchen.“

Frau Vogel überhört das einfach.

„Jede Hütte ist ein Team. Ihr malt und beschreibt alle Gliederfüßer, die ihr findet: Insekten, Spinnen

und Tausendfüßler. Das Detektivteam, das die meisten Verdächtigen findet, gewinnt einen Pluspunkt!“
„Dann geht’s ja wieder um Käfer!“ Conni kichert. „Dass Frau Vogel von denen nicht genug hat?“
„Die sind ja nicht aus Schokolade“, meint Lotta. „Leider!“

Irgendwie macht die Insektensuche echt Spaß.
„Das ist fast wie Ostern“, findet Clarissa.
Sie stöbern im Laub, schauen hinter alter Borke und unter Steinen nach und finden die unterschiedlichsten Käfer, Tausendfüßler, große und kleine Ameisen, Kellerasseln und Spinnen. Sie zu zeichnen ist gar nicht so einfach.
„Die hauen immer so schnell ab“, beschwert sich Clarissa.
Kurz entschlossen nimmt Conni einen der Käfer auf die Hand, damit sie ihn in Ruhe anschauen können.

„Kannst du nicht auch mal die Spinne halten?“, fragt Ina.

Es ist eine richtig große mit langen Beinen.
„Nö", sagt Conni lässig. „Jetzt ist mal jemand anderes dran."
Frau Vogel hat Bestimmungsbücher dabei, in denen sie, so gut es geht, die Namen nachschauen.
„Wir haben richtig viele gefunden", meint Lotta, nachdem die Lehrer ihre Zettel eingesammelt haben. „Ich glaube, wir machen den Punkt!"
Nach dem Mittagessen wird der Sieger bekannt gegeben. Und Lotta hatte Recht:
„Die gelbe Hütte hat gewonnen. Und zwar mit Abstand", verkündet Frau Vogel. „Gratuliere, den Punkt habt ihr euch wirklich verdient!"
Später will Clarissa noch mal auf die Tafel schauen.
„Mal sehen, wer in Führung liegt. Unsere Minusstriche haben wir doch längst ausgeglichen!"
Gespannt laufen die vier zur Lehrerhütte.
„Nanu?" Conni traut ihren Augen nicht. „Wir hatten doch viel mehr Pluspunkte!"
„Wo kommen denn die ganzen Minusstriche her?", ruft Ina. „Habt ihr etwa was ausgefressen?"
„Nein!" Conni, Lotta und Clarissa schütteln empört die Köpfe.
„Da hat jemand rumgewischt. Guckt mal", meint Lotta.

„Stimmt!“, ruft Conni aufgeregt. „Wir können den Täter sogar überführen. Schaut euch mal den Fingerabdruck an.“

Mitten auf der Tafel hat jemand mit seinem kreideverschmierten Finger draufgepatscht. So ein Blödmann! Clarissa geht ganz nah an die Tafel heran. „Ich würde sagen, das ist ein Zeigefinger!“

„Okay, jetzt müssen wir uns von jedem einen Fingerabdruck besorgen“, sagt Lotta. „Und dann vergleichen wir.“

„Von jedem?“, fragt Conni. „Ich glaub, das können wir uns sparen.“

„Wieso denn?“ Lotta schaut sie überrascht an.

Conni hebt die Arme. „Na, wer soll das schon gemacht haben?“

Ina hat gleich verstanden. „Dann los, ab zu Torben!“

„Was soll ich?“, fragt Torben, als sie ihn kurz darauf zur Rede stellen. „Ihr spinnt doch!“

„Dann beweise es“, sagt Conni. „Du musst nur einen Fingerabdruck machen.“

Ina nickt. „Ja, mit etwas Kreide auf die Tafel.“

„Ich soll mir die Finger dreckig machen? Da denk

ich nicht im Traum dran! Sucht euch einen anderen Dummen!“, meint Torben und geht.
„Das ist aber höchst verdächtig“, ruft ihm Lotta nach.
Torben dreht sich noch einmal um.
Und da entdeckt Conni es. „Du hast ja Kreideflecken an der Hose!“
Torben starrt an sich hinunter. Jetzt fällt ihm auch nichts mehr ein.

„Unser Detektivteam ist einfach unschlagbar“, jubelt Ina.
In dem Moment ertönt ein Pfiff.
„Kommt bitte mal alle zur Tafel! Und zwar sofort!“, ruft Frau Vogel.
Sie klingt ganz schön sauer.
„Sie hat's entdeckt“, ruft Clarissa.
„Tja, Torben, jetzt wird's brenzlig!“, meint Lotta.
Torben wird blass. „Ihr liefert mich doch nicht an den Drachen aus?“
Die Mädchen schauen sich an. Eigentlich hat es Torben wirklich nicht verdient, dass man ihn

deckt. Aber wollen sie ihn wirklich bei Frau Vogel verpetzen?
„Wenn du uns nicht mehr ärgerst, verraten wir nichts“, sagt Conni.
Torben nickt.
„Schaut mal bitte alle zur Tafel“, ruft Frau Vogel. Vor lauter Aufregung hat sie ganz vergessen, die Zeit zu stoppen.
Alle starren auf die Liste.
„Wir hatten aber viel mehr Pluspunkte!“ Anna kann es kaum fassen.
„Und woher haben wir die ganzen Minusstriche?“, ruft Serafina. „Wir haben nichts angestellt. Ehrlich!“
Frau Vogel nickt. „Da hat sich jemand an der Tafel zu schaffen gemacht. Wer meldet sich freiwillig?“
Conni wirft einen heimlichen Blick zu Torben hinüber. Der betrachtet die Gänseblümchen vor seinen Füßen, als würde er zum ersten Mal in seinem Leben Blumen sehen.
„Niemand?“, fragt Frau Vogel. „Auch gut, eigentlich ist die Sache ja ganz einfach. Wir müssen nur gucken, wer am meisten davon profitiert, dann haben wir die Übeltäter schon.“
Herr Wenker nickt. „Na klar!“

Frau Vogel zieht ihr Smartphone aus der Tasche. „An die Tafel schreibe ich nur für euch, damit ihr seht, wie es um euch steht“, erklärt sie. „Die echte Liste habe ich hier!“

Mit Hilfe ihrer Handyliste beginnt sie an der Tafel den alten Punktestand wiederherzustellen. Bei den Mädchen sind es einige Pluspunkte mehr und ein paar Minusstriche weniger. Bei den Jungs ist es genau umgekehrt. Wobei die Hütte von Torben, Alex, Paul und Simon die meisten gefälschten Pluspunkte hat.

Frau Vogel ist das nicht entgangen. „So, jetzt wissen wir auch, welche Hütte den extra Minusstrich bekommt.“

Zack, schreibt sie ihn an die Tafel. Dann dreht sie sich um und schaut zu Torben hinüber. „Gibt es Proteste?“

Der schüttelt kaum merkbar den Kopf.

„Tja“, sagt Frau Vogel. „Nächstes Mal müsst ihr euch schon etwas gescheiter anstellen!“

„Frau Vogel ist auch kein schlechter Detektiv“, meint Lotta später.

„Leider“, sagt Clarissa. „Denn jetzt, wo Torben aufgeflogen ist, ärgert er uns bestimmt wieder.“

„Nö, wieso?“, fragt Conni. „Wir haben ihn ja nicht verraten. Also haben wir uns an unser Versprechen gehalten und genau das wird Torben auch tun.“

Doch da täuscht sich Conni leider. Und zwar gewaltig.

Das geht zu weit!

„Was ist denn hier los?“, ruft Frau Vogel, als sie zum Gute-Nacht-Sagen in die Hütte schaut. „Ihr seid ja noch nicht mal umgezogen!“
„Oh, wir haben gar nicht gemerkt, wie spät es schon ist“, nuschelt Clarissa kleinlaut.
Das haben sie wirklich nicht. Ina hat so ein tolles Spiel dabei, dass sie alles andere vergessen haben.
„Jetzt aber dalli!“, sagt Frau Vogel. „In fünf Minuten ist das Licht aus!“
„Ob die gleich noch mal wiederkommen?“, fragt Lotta kurz darauf.
Keine von ihnen hat nämlich Lust aufzuhören. Jetzt, wo das Spiel gerade so spannend ist.
„Wenn wir das Licht ausmachen, nicht“, vermutet Conni.
Clarissa knipst sofort die Lampe aus. Sicherheits-

halber schlüpfen die Mädchen trotzdem in ihre Betten – angezogen, versteht sich. Und wirklich: Ein paar Minuten später knirschen Schritte im Kies. Das kann nur Frau Vogel sein. Die Schritte kommen näher. Die Lehrerin bleibt vor der Tür stehen und lauscht. Die Mädchen halten die Luft an. Drinnen wie draußen ist es mucksmäuschenstill. Dann entfernen sich die Schritte wieder. Schnell schleichen die Mädchen zum Fenster: Frau Vogel dreht noch eine kleine Runde, um dann wieder in ihrer Hütte zu verschwinden.

„Die sind wir los!", freut sich Ina.

Sie ziehen die Vorhänge fest zu und spielen mit der Taschenlampe weiter. So macht es sogar noch mehr Spaß.

„Gewonnen!", jubelt Lotta schließlich.

Clarissa gähnt. „Morgen spielen wir wieder, ja?"

Alle sind schrecklich müde. Im kleinen Handwaschbecken putzen sie sich im Dunkeln die Zähne. Dann wollen sie sich umziehen. Aber die Schlafanzüge sind spurlos verschwunden.

„Nicht das schon wieder!", flüstert Conni.

Schnell schlüpft sie nach draußen. Bestimmt baumeln die Sachen im Baum? Doch dort hängen sie nicht. Stattdessen liegt eine neue Schatzkarte unter

der Fußmatte. Wieder ist ihre Hütte eingezeichnet, doch diesmal liegt das Kreuz weiter weg.
Conni, Ina, Clarissa und Lotta folgen der Karte und stehen wenig später am Ufer des Sees.
Verwundert schaut sich Clarissa die Zeichnung an. „Das kann doch nicht sein? Wenn die Karte stimmt, liegen unsere Sachen mitten im See!"
„Oh nein", japst Lotta. „Die haben unsere Sachen versenkt!"
Conni überlegt. „Moment mal", fällt ihr ein. „Da könnte doch die Badeinsel sein!"
„Ja, klar", ruft Ina. „Diese Idioten!"

Clarissa schaut ins dunkle Wasser. „Müssen wir da jetzt etwa hinschwimmen? Ich glaub, da schlafe ich lieber in Unterhosen.“
„Aber es sind ja nicht nur die Schlafanzüge weg“, meldet sich Lotta. „Die haben auch unsere Kuscheltiere geklaut!“
„Was?“ Conni ist gar nicht aufgefallen, dass ihr Kuschelkater fehlt. „So eine Gemeinheit!“
„Mein Leo ist schon ganz alt.“ Lotta schnieft. „Den habe ich als Baby gekriegt. Wenn der jetzt ins Wasser fällt oder es in der Nacht regnet?“
„Kein Problem, dann holen wir die Sachen eben“, meint Conni.
„Genau“, meint Ina. „Das sind doch nur ein paar Meter!“
„Aber wenn wir mit den Sachen zurückschwimmen, werden die doch ganz nass!“ Clarissa schaut ängstlich über den See.
„Wir schwimmen nicht“, meint Conni. „Wozu gibt’s denn das Ruderboot?“
Leise schleichen sie zum Steg und klettern nacheinander ins Boot. Lotta übernimmt die Ruder, Conni löst die Leinen.
„Okay, wir können“, flüstert sie.
Die Mädchen sitzen still im Boot. Man hört nichts

als das leise Platschen der Ruder. Ein wenig unheimlich ist es schon, denn heute ist es besonders dunkel. Der Mond schimmert nur blass durch die Wolkendecke, als würde dort ein Riese heimlich mit der Taschenlampe lesen.

Zum Glück hat Conni auch ihre Taschenlampe dabei. Hin und wieder leuchtet sie kurz übers Wasser, um zu schauen, ob sie noch Kurs auf die Badeinsel halten.
„Gleich sind wir da!“, flüstert Clarissa. Vorsichtig legt Lotta an und Ina klammert sich an der Leiter fest, damit das Boot nicht abtreibt. Conni leuchtet mit der Taschenlampe über die Planken. „Da ist nichts!“

„Wie? Da ist nichts?“, ruft Lotta entsetzt und in ihrer Aufregung leider viel zu laut.
„Psst!“, zischt Conni. „Hier ist nichts. Absolut gar nichts!“
„Oh nein!“, zischt Ina. „Die Jungs haben uns reingelegt. Diese elenden Mistkäfer!“
Clarissa kneift die Augen zusammen. „Ist das fies!“
„Also los, zurück zu den Knallköppen!“ Ina stößt das Boot von der Insel ab.
Lotta rudert los. „Na, denen werde ich was erzählen!“
Plötzlich leuchtet am Strand grell eine Lampe auf. Der Lichtschein huscht übers Wasser, fällt auf das Boot und leuchtet dann direkt in ihre Gesichter.
„Was macht ihr denn da?“, ruft Frau Vogel gedämpft. „Kommt sofort zurück!“
Oh nein! Conni beißt sich auf die Lippen. Das gibt bestimmt ein Donnerwetter!
Hastig rudert Lotta zum Steg. Dort wartet Frau Vogel schon auf sie. „Was habt ihr nachts auf dem See zu suchen?“, raunzt sie sie an. „Seid ihr verrückt geworden?“
„Die Jungs haben unsere Sachen geklaut“, berichtet Conni.

„Was für Sachen?“, fragt Frau Vogel.
„Die Nachthemden“, sagt Ina.
„Und meinen Kuschelleoparden“, ergänzt Lotta.
„Sie haben eine Karte gemalt und so getan, als wäre alles auf der Badeinsel.“

„Und da paddelt ihr im Dunklen alleine raus?“, fragt Frau Vogel. „Dafür gibt’s mindestens einen Strich. Und ob ihr morgen mit zum Kletterpark dürft, muss ich mir noch stark überlegen.“
„Was sollten wir denn machen?“, fragt Conni.
„Und unsere Sachen haben wir auch nicht wieder!“, nuschelt Lotta. Fast kommen ihr die Tränen.
„Wenn ich meinen Leo nicht zurückkriege …“
Frau Vogel schaut zu Torbens Hütte hinüber. „Ich schau mal nach. Ihr wartet hier!“
Es dauert nicht lange, da kommt sie zurück.
„Und?“ Die Mädchen schauen sie erwartungsvoll an.
„Die schlafen alle. Wir klären das morgen.“
„Und Leo?“, fragt Lotta fassungslos.

„Der wird schon nicht verschwunden sein.“ Frau Vogel begleitet sie zur Hütte hinüber.
„Das gibt’s doch nicht!“, ruft Conni. Auf den Betten liegen, wenn auch etwas zusammengeknüllt, ihre Nachthemden und Schlafanzüge. Und auch die Kuscheltiere sind wieder da.

„Na, seht ihr. Und jetzt geht schlafen. Es ist so was von spät!“ In der Tür dreht sich Frau Vogel noch einmal um. „Und wenn ich euch noch mal draußen erwische, schicke ich euch nach Hause!“
„Da will ich auch am liebsten hin“, schnauft Lotta. Aber Frau Vogel ist schon davongerauscht.
Lotta drückt ihren Leo an sich. „Ich hab echt keine Lust mehr auf dieses blöde Camp!“
„Ich auch nicht“, mault Ina. „Mit der Vogel ist alles total bescheuert! Ist doch voll fies, wenn die

uns zusammenstaucht und die Jungs schlafen lässt!“

„Von wegen: schlafen!“, brummt Lotta. „Bestimmt haben die nur so getan, als ob. Und die Vogel fällt darauf rein!“

„Echt, mir reicht’s“, knurrt Ina. „Ich würd am liebsten abhauen!“

„Ach, komm schon“, sagt Conni. „So schlimm es doch auch wieder nicht. Dann kriegen wir eben einen Strich mehr – na und?“

„Das ist voll ungerecht!“, faucht Ina sie an. „Und wenn wir morgen eh nicht zum Klettern dürfen, können wir ja auch gleich fahren!“

„Finde ich auch“, nölt Lotta. „Ob jetzt noch ein Zug geht?“

„Ganz sicher nicht“, meint Clarissa.

Mürrisch steigen Lotta und Ina in ihre Betten. Conni zieht sich die Decke bis zur Nasenspitze hoch. Die spinnen ja! Aber bis morgen haben sich die beiden bestimmt beruhigt!

Neunzehn minus zwei

Als Conni am nächsten Tag aufwacht, sind Ina und Lotta schon aufgestanden. Conni blickt zur Uhr: kurz vor halb acht. Gleich ist Wecken.
Schon pfeift Frau Vogel auf ihrer Trillerpfeife.
Clarissa rekelt sich in ihrem Bett. „Guten Morgen“, brummt sie verschlafen. „Wo sind denn die anderen?“
„Bestimmt waschen oder so“, vermutet Conni.
Doch als sie und Clarissa ins Waschhaus gehen, ist von Lotta und Ina nichts zu sehen.
„Wo können die denn sein?“, wundert sich Clarissa.
Conni überlegt. „Vielleicht bei den Jungs? Um denen eins auf den Deckel zu geben!“
Clarissa nickt. „Na klar, komm!“
Gemeinsam laufen sie zu Torbens Hütte.

Der grinst sie an. „Na, alles klar, Mädels?“
„Logo“, sagt Conni lässig. „Lotta und Ina sind nicht zufällig bei euch?“
„Die? Nö, wieso das denn?“
„Echt nicht?“, hakt sie nach.
Doch Torben schüttelt den Kopf.
Conni sieht ihn scharf an. Diesmal veräppelt er sie nicht. So viel ist klar.
„Los, komm!“ Conni nickt Clarissa zu.
„Vielleicht haben die sich ja irgendwo verkrümelt“, meint Conni, kaum dass sie außer Hörweite sind. „Um für die Jungs einen Streich auszuhecken.“
„Ohne uns?“ Clarissa zieht eine Schnute.
„Oder sie holen schon das Frühstück“, fällt Conni ein.
Aber Fehlanzeige: Das Frühstück müssen Clarissa und sie schon selbst holen. Sie decken den Tisch

und warten noch ein bisschen. Aber Ina und Lotta kommen einfach nicht.
„Los, dann fangen wir schon mal an“, meint Conni schließlich.
Doch sie bekommt kaum etwas hinunter. Immer wieder geht ihr etwas durch den Kopf.
„Meinst du, die beiden haben Ernst gemacht und sind abgehauen?“, fragt sie schließlich.
Clarissa schaut sie groß an. „So doof können die doch gar nicht sein!“
„Und wenn doch?“, fragt Conni.
„Oh nein“, stammelt Clarissa. „Das müssen wir den Lehrern sagen!“
Conni nickt. Schon laufen die beiden los und berichten atemlos alles Frau Vogel.
Doch die winkt ab. „Weggelaufen? Ach was, die liegen bestimmt noch im Bett. Oder sie duschen gerade.“
Conni schüttelt den Kopf. „Sie haben gestern Nacht schon davon gesprochen, nach Hause zu fahren.“
„Nach Hause fahren? Ganz allein? Das glaub ich nicht!“ Frau Vogel stapft kurz entschlossen zu Connis Hütte hinüber. Während Conni und Clarissa ihre Betten schon gemacht haben, sind

Inas und Lottas Bettzeug noch zerwühlt. Frau Vogel schaut sich um.
„Sind ihre Koffer noch da?“, fragt sie.
„Ja, die liegen unter den Betten“, sagt Clarissa sofort.
„Na also, ohne die werden sie schon nicht nach Hause gefahren sein.“
„Aber ihre Rucksäcke fehlen und die Kuscheltiere auch“, fällt Conni auf.
„Trotzdem, die sind bestimmt ganz in der Nähe“, behauptet Frau Vogel. „Wenn sie sich allerdings dabei vom Camp entfernt haben sollten, gibt das leider einen Strich für euch!“
„Es geht hier doch nicht um Striche“, ruft Conni. „Die beiden sind bestimmt schon am Bahnhof!“
„Ohne ihre Sachen? Niemals!“, sagt Frau Vogel. „Mach dir mal keine Sorgen, die tauchen gleich wieder auf.“
Und damit geht sie, um zu Ende zu frühstücken. Conni und Clarissa ist der Appetit vergangen. Zusammen durchkämmen sie das Gelände. Sie klappern alle Hütten ab, schauen am Strand, auf dem Steg und am Spielplatz nach. Selbst das Gebüsch durchforsten sie. Doch Ina und Lotta bleiben verschwunden.

Nach dem Frühstück wird auch Frau Vogel langsam nervös und versammelt die Klasse an der Lehrerhütte.
„Weiß jemand von euch, wo Lotta und Ina stecken?“, fragt sie.
Keiner meldet sich.
„Das hat nichts mit Verpetzen zu tun“, erklärt Frau Vogel nachdrücklich. „Wir müssen einfach wissen, wo sie stecken.“
„Alle helfen jetzt, das Camp zu durchsuchen“, meldet sich Herr Wenker zu Wort. „In zwanzig Minuten treffen wir uns wieder. Und wer etwas weiß, kommt bitte und sagt es uns!“
Alle machen sich sofort auf die Suche. Doch es ist

schnell klar, dass Lotta und Ina sich nicht irgendwo auf dem Gelände verkrümelt haben.
„Dann müssen wir im Wald weitersuchen“, schlägt Frau Vogel vor.
Sie teilen sich auf. Die Kinder aus Connis und Torbens Hütte gehen bei Frau Vogel mit, die anderen bei Herrn Wenker.
„Lotta! Ina!“, schallt es durch den Wald.
„Bitte kommt raus! Bitte!“, ruft Frau Vogel. „Ich bin euch auch nicht böse!“
Aber von den beiden Mädchen gibt es keine Spur. Nirgends.
Als sie sich nach zwanzig Minuten wiedertreffen, hat auch Herr Wenkers Gruppe nichts gefunden.
Frau Vogel blickt zu Conni hinüber. „Und du meinst wirklich, sie sind zum Bahnhof gelaufen?“
„Ich glaub schon“, murmelt Conni.
„Dann gucken wir da jetzt nach“, entscheidet Herr Wenker.
Frau Vogel schaut auf

die Uhr. „Dann aber schnell", ruft sie. „Der Zug nach Neustadt fährt in einer Viertelstunde!"
Im Laufschritt traben sie den Waldweg entlang, Herr Wenker an der Spitze. Conni ist dicht hinter ihm.
Als sie den Ort erreichen, kann sie kaum noch laufen vor lauter Seitenstechen. Aber sie haben keine Sekunde zu verlieren. Atemlos rennt sie weiter.

In letzter Sekunde

Da vorne sehen sie schon den Bahnhof. Conni gibt noch mal alles: Herr Wenker, Paul, Salim und sie stürmen als Erste auf den Bahnsteig.
„Ihr Zug fährt jetzt ab!“, schallt es gerade durch die Lautsprecher. In dem Moment pfeift der Zugbegleiter zur Abfahrt.
„Haaalt!“, brüllt Herr Wenker, aber der Zug setzt sich bereits in Bewegung.
„Sofort ANHALTEN!“, brüllt er wieder.
Conni schnappt nach Luft. Was macht Herr Wenker denn da? Kurz entschlossen hechtet der Lehrer durch die noch offene Tür in den Zug.
Im nächsten Moment quietschen die Bremsen.
„Sie können doch nicht einfach die Notbremse ziehen!“, ruft der Zugbegleiter.
„Doch, kann er“, keucht Frau Vogel, die eben

dazukommt. „Hier sind zwei Schülerinnen von mir im Zug. Und zwar ganz allein!"
Connis Herz schlägt wie ein Presslufthammer. Hoffentlich hat sie sich nicht getäuscht und die beiden sind wirklich da drin! Sonst hat Herr Wenker die Notbremse ganz umsonst gezogen.
Conni läuft mit den anderen am Zug entlang und schaut durch die Fenster. Und da, im vorletzten Wagen, sieht sie Lotta und Ina schreckensstarr auf ihren Plätzen sitzen!

Conni steigt zu ihnen in den Zug. „Los, kommt, ihr könnt doch nicht einfach nach Hause fahren!"
Im nächsten Moment steht Frau Vogel neben ihr.
„Ina, Lotta, da seid ihr ja! Dem Himmel sei Dank!"

Sie nimmt die beiden an den Händen. „Jetzt kommt schnell raus, damit der Zug weiterfahren kann!"
„Meine Damen und Herren, bitte entschuldigen Sie die Verzögerung. Der Zug fährt jetzt ab!", dröhnt die Ansage.
Laut ratternd fährt der Zug aus dem Bahnhof.
„Was macht ihr denn für Sachen?", fragt Frau Vogel. Ihre Haare hängen wirr im erhitzten Gesicht.
„Wir wollen nach Hause!", stößt Lotta hervor. Ihre Augen sind voller Tränen.
„Aber wieso denn?", fragt Frau Vogel erschrocken.
„Die ganze Zeit haben Sie es auf unsere Hütte abgesehen", schnieft Lotta.
„Aber das stimmt doch gar nicht!", ruft Frau Vogel sofort.
Conni schluckt. Nicht mal jetzt kann die Lehrerin richtig zuhören.
„Wir haben dauernd Striche gekriegt. Dabei haben wir gar nichts gemacht", kommt Ina Lotta zu Hilfe.
„Also nein …", setzt Frau Vogel an.
„Lassen Sie die beiden doch mal ausreden", platzt Conni heraus.

Alle schauen sie an. Conni wird rot.
„Na, ist doch wahr“, brummelt sie. „Nie hören Sie zu! Immer widersprechen Sie gleich!“
Frau Vogel holt tief Luft. Am liebsten würde sie Conni jetzt auch widersprechen. Aber das geht ja schlecht.
„Wenn Sie immer gleich losmeckern, kriegen Sie nie raus, warum die beiden abgehauen sind“, erklärt Conni. Auch wenn das wahrscheinlich einen Minusstrich gibt. Aber auf einen mehr oder weniger kommt es jetzt auch nicht mehr an.
Frau Vogel beugt sich zu Lotta und Ina. „Dann erzählt doch noch mal.“
„Das war so unfair gestern. Wir kriegen den ganzen Ärger, obwohl doch die Jungs schuld sind“, schnieft Lotta, „schließlich haben die unsere Sachen versteckt!“
„Und dann dürfen wir noch nicht mal mit in den Kletterpark!“, sagt Ina.
„Ihr dürft nicht mit zum Klettern?“, fragt Herr Wenker überrascht.
„Doch, klar dürft ihr mit“, sagt Frau Vogel schnell.
„Das klang gestern aber noch ganz anders“, nuschelt Ina.

„Stimmt. Ich war auch wirklich sauer auf euch", gibt Frau Vogel zu.
„Wenn, dann müssen Sie sauer auf uns sein." Torben hat den Arm um Alex gelegt. „Wir haben nämlich die Sachen geklaut."
Alex nickt. „Tut uns leid", murmelt er.
Frau Vogel holt Luft. Doch bevor sie etwas sagen kann, mischt sich Herr Wenker ein. „Darüber reden wir später. Wenn wir heute noch klettern wollen, dann müssen wir langsam los." Er lächelt Ina und Lotta zu. „Wie ist das mit euch? Habt ihr Lust mitzukommen?"
Die beiden Mädchen schauen sich an. Dann nicken sie.
„Gut", sagt Frau Vogel. „Dann los! Hier am Bahnhof fährt jede halbe Stunde ein Bus."
„Vorher gibt's für alle noch eine Minipizza", beschließt Herr Wenker. „Mit leerem Magen klettern geht ja nicht!"

„Irgendwie schmeckt die Pizza doch besser als unsere Spaghetti", meint Conni wenig später zu Lotta und Ina.
Clarissa hat von ihrer Pizza noch nicht mal ab-

gebissen. „Warum habt ihr uns nicht Bescheid gesagt?“, fragt sie die beiden.
„Mal ehrlich, ihr hättet uns doch gar nicht gehen lassen“, sagt Lotta.
Conni nickt. „Stimmt. Mit euch ist es ja auch viel schöner!“
„Das finde ich auch!“, sagt Billi, die plötzlich zusammen mit Anna, Nina, Lisa und Serafina neben ihnen steht.
„Es wäre echt schade gewesen, wenn ihr gefahren wärt“, meint Anna.
„Echt?“, murmelt Ina verlegen.
Billi nickt. „Und was noch doof ist, ist, dass wir gar nichts mehr zusammen machen.“
„Genau“, sagt Conni. „Das ist echt doof!“
„Dann klettern wir eben alle zusammen“, schlägt Clarissa vor.
„Das will ich sehen, wie wir gleich zu neunt an einem Seil hängen“, kichert Nina.
„Ich hab da ’ne Idee, was wir nach dem Klettern machen können“, meldet sich Conni auf einmal. Sie schaut sich nach Frau Vogel um. Doch die unterhält sich zum Glück mit Herrn Wenker.
„Also, hört mal zu …“

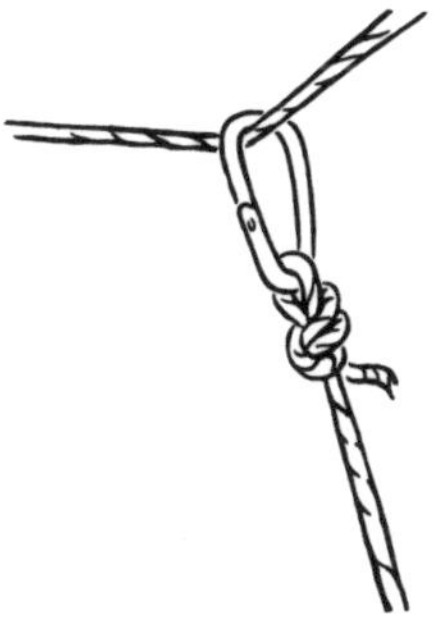

Im Kletterpark

„Willkommen im Kletterpark“, heißt es wenig später. Ein junger Mann gibt der Klasse eine kleine Einführung ins Klettern. Dann verteilt er Gurte, die sich alle umschnallen müssen.
„An jedem Gurt hängen zwei Karabinerhaken“, erklärt er.
„Warum denn zwei? Hält einer alleine nicht?“, fragt Anna ängstlich.
„Einer hält locker“, lacht der Mann. „Aber immer, wenn ihr ein Stück geklettert seid, müsst ihr den Karabiner wieder neu einhängen. Und damit ihr in dem Moment trotzdem gesichert seid, habt ihr noch den anderen Haken. Es gibt sogar eine automatische Sperre, die verhindert, dass ihr beide Haken gleichzeitig löst. So ist das Klettern hier absolut sicher.“

Anna nickt erleichtert.
„Und damit ihr noch ein bisschen schicker aussieht, gibt es jetzt noch einen coolen Helm für jeden.“
„Muss man den tragen?“, stöhnt Torben.
„Wenn man hier klettern will, schon“, meint der Mann.
„Okay.“ Torben setzt sich den Helm zögernd auf. Dann ist er nicht mehr zu halten. „Wer am höchsten kommt!“, brüllt er.

„Komm, dem zeigen wir's!“, ruft Nina und schon klettern alle hinterher.
Auch Conni klinkt ihre Karabinerhaken in das Sicherheitsseil ein. Und los geht's: Erst läuft sie, genau wie Torben, über schräg gespannte Stahlseile nach oben. Dann aber nimmt sie eine Abkürzung über eine Strickleiter. Die wackelt ganz schön. Aber Conni achtet nicht darauf, denn fast hat sie Torben eingeholt.
„Wo kommst du denn auf einmal her?“, fragt der und läuft über eine schwankende Brücke aus Holzstämmen weiter.
„Dich kriege ich noch!“ Conni ist ihm dicht auf

den Fersen, als sie weiter unten plötzlich Anna kreischen hört: „Hilfe!"
Anna scheint zu schweben. Hilflos baumelt sie am Sicherheitsseil in der Luft und versucht vergebens den Balken zu erreichen, von dem sie gerutscht ist. Sie sieht nicht gerade glücklich aus.
„Warte, ich helf dir!" Conni lässt Torben Torben sein und klettert, so schnell es geht, wieder hinunter. Schon balanciert sie über den kippligen Balken. Puh, es wird nicht leicht, Anna hochzuziehen, ohne selbst abzurutschen! Vorsichtig geht Conni in die Hocke. Mit einer Hand klammert sie sich ans Halteseil, die andere streckt sie Anna entgegen.

Anna schnappt ihre Hand, erreicht so endlich wieder den Balken und zieht sich mit Connis Hilfe hoch.
„Danke!", japst sie. „Ohne dich wäre ich hier hängen geblieben!"

„Ja, bis in alle Ewigkeit!“ Conni lacht.
„Können wir uns nicht wieder vertragen?“, fragt Anna.
„Haben wir das nicht schon vorhin?“, fragt Conni zurück.
„Doch, aber noch nicht ganz offiziell!“, sagt Anna. „Ich mag dich natürlich viel lieber als Frau Vogel, das ist dir hoffentlich klar!“
„Das will ich auch schwer hoffen!“ Conni lacht.
„Logo!“ Anna stupst sie an. Dabei hat sie wohl den kippeligen Balken vergessen. Der wackelt gefährlich. Conni und sie klammern sich ans Halteseil – fast wären sie hinuntergefallen.
„’tschuldigung!“, piepst Anna.
„Los, runter hier!“ Conni hangelt sich zur nächsten Plattform rüber und zieht Anna hinter sich her. Dort setzen sie sich erst einmal hin.
„Die Idee mit heute Abend finde ich übrigens super“, sagt Anna.
„Ich auch“, meint Conni und grinst.
„Erster!“, brüllt Torben von oben. Er ist kaum mehr zu sehen, so hoch ist er gekommen.
„Komm, wir klettern auch noch ein bisschen“, meint Conni zu Anna.
„Aber nicht weiter nach oben“, sagt die.

Conni lächelt ihr zu. „Es gibt einen Trick“, sagt sie. „Man darf nie nach unten schauen.“
„Mach ich auch gar nicht!“, behauptet Anna.
„Gut!“ Conni nickt. „Und dann stellst du dir einfach vor, du bist direkt über dem Boden. So, als ob du auf der untersten Stufe einer Leiter stehst und gar nicht nach oben geklettert wärst.“
„Und das soll helfen?“, fragt Anna skeptisch.
„Probier's doch mal“, meint Conni.
Gemeinsam hangeln sie über eine Hängebrücke aus Autoreifen. Und Anna gibt sich wirklich alle Mühe, nicht hinunterzugucken. Schließlich traut sie sich sogar ins Spinnennetz. Da sind die Kletter-

seile so miteinander verknüpft, dass es wie das Netz einer riesigen Kreuzspinne aussieht.
„Ich bin direkt über dem Boden", murmelt sie dabei vor sich hin.
„Hallo?", tönt es auf einmal von ganz oben.
Conni schaut hoch. „Ist das Torben?"
Tatsächlich. Vorsichtig linst er über den Rand der höchsten Plattform.
Frau Vogel hat ihn auch entdeckt. „Alles in Ordnung?"
„Na ja." Torbens Stimme klingt irgendwie kläglich. „Ich weiß nicht, wie ich wieder runterkomme."
„Warte auf mich", ruft Frau Vogel ihm zu. „Und ihr anderen steigt bitte nicht ganz so hoch, ja?"
Entschlossen klettert Frau Vogel los. Je höher sie kommt, desto langsamer und vorsichtiger wird sie. Ganz schwindelfrei scheint sie auch nicht zu sein. Aber schließlich hat sie es geschafft und klettert zu Torben auf die Plattform.
Conni ist sich sicher, dass die beiden sofort zusammen hinunterklettern. Aber da oben tut sich nichts.
„Was machen die denn da?", wundert sich Anna.
„Keine Ahnung", meint Conni.

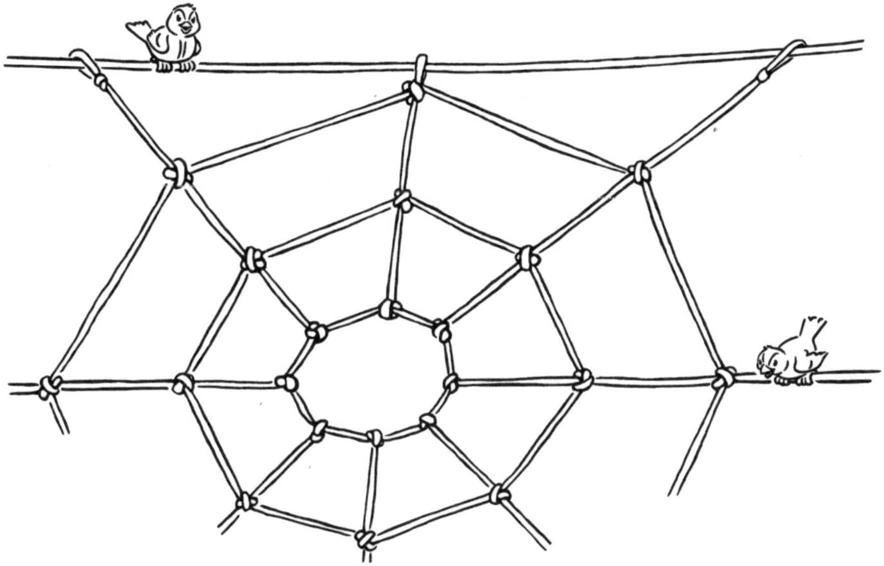

Nach dem Spinnennetz wippen Anna und sie auf einem breiten Gummigurt und erobern schließlich ein Baumhaus.
„Ist Frau Vogel immer noch da oben?“, fragt Anna schließlich.
„Ich glaub schon“, sagt Conni.
„Wollen wir mal nachgucken?“
Conni schaut Anna überrascht an. „Du willst da hoch?“
„Na ja, wir könnten es doch mal probieren“, meint Anna. „Vielleicht trauen sie sich nicht runter und brauchen Hilfe.“
„Wenn du meinst.“ Conni zuckt mit den Schultern. „Von mir aus!“

Anna holt tief Luft. „Okay, dann los!“
Zuerst geht es ganz einfach. Doch je höher sie kommen, desto zittriger werden Connis Beine, als ob ihre Knochen plötzlich aus Wackelpudding wären.

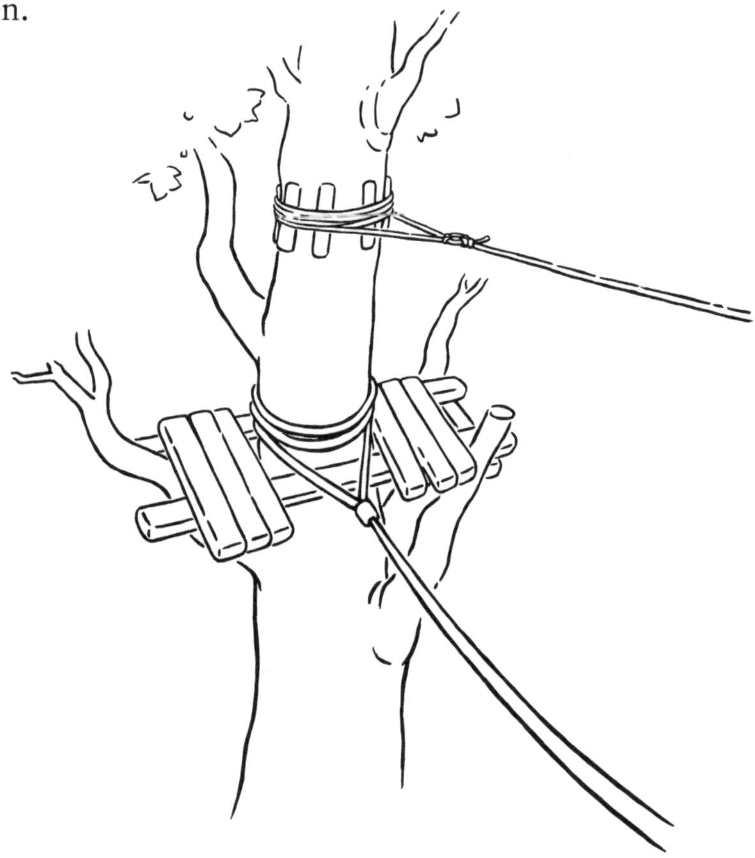

Anna scheint es ähnlich zu gehen. „Meinst du, die Haken halten wirklich?“, haucht sie.
„Klar“, sagt Conni. Trotzdem ist sie froh, als sie

hoch oben statt auf wackeligen Seilen über eine stabile Hängebrücke laufen. Von dort aus können sie auch die letzte Plattform erreichen.
„Hallo, alles in Ordnung?“, ruft Conni.
Vorsichtig lugt Frau Vogel über den Rand der Plattform. Sie ist ganz käsig im Gesicht. „Was macht ihr denn hier? Ihr solltet doch unten bleiben!“
„Wir dachten, Sie trauen sich vielleicht nicht runter“, sagt Anna kleinlaut.
Für einen Moment ist es ganz still da oben.
„Stimmt ja auch“, murmelt Frau Vogel. „Dies hier ist eine absolute Fehlkonstruktion! Wenn man erst einmal oben ist, sieht man nicht mehr, wo's runtergeht, weil die Stufen irgendwo unter der Plattform versteckt sind! Also, kommt ja nicht hoch!“
„Sollen wir Ihnen helfen?“, fragt Conni. „Von hier können wir sehen, wo die Stufen sind.“
„Ich weiß auch, wo die sind“, meldet sich Torben plötzlich.
„Das weißt du?“ Frau Vogel ist fassungslos.
„Sehen Sie die Griffe am Boden? Genau da geht's runter“, meint er.
„Die hab ich gar nicht gesehen“, staunt Frau Vogel. „Wieso hast du denn nichts gesagt?“

„Ich dachte, Sie hätten Angst – genau wie ich“, nuschelt Torben.
Frau Vogel ist für einen Moment ganz still. „Klar hab ich Angst.“
„Ich hatte auch Angst“, sagt Anna. „Sogar schon viel weiter unten. Aber eigentlich kann ja gar nichts passieren mit den Haken, oder?“
„Nein, eigentlich nicht“, gibt Frau Vogel zu.
„Wollen Sie es dann versuchen?“, fragt Conni. „Wir können Ihnen helfen, wenn Sie wollen.“
„Das wäre nett!“ Frau Vogel schaut zu Torben rüber. „Zusammen schaffen wir das, oder?“
„Äh, na ja …“, stottert Torben.
Frau Vogel überlegt. „Soll ich mal vorgehen und es ausprobieren?“
Torben nickt.
Frau Vogel holt tief Luft. „Okay.“
Langsam geht sie auf die Knie, fasst rechts und links die Griffe am Boden und krabbelt rückwärts bis zum Rand. Dort zögert sie einen Moment.
„Sie sind genau richtig. Wenn Sie das Bein gerade nach unten strecken, ist da direkt die Stufe“, hilft Conni.
„Also gut.“
Vorsichtig streckt Frau Vogel ein Bein nach unten.

„Etwas weiter nach rechts. Jetzt etwas höher“, dirigiert Anna. „Ja, genau!“
Frau Vogels anderes Bein tritt ins Leere. „Und wo ist jetzt denn die zweite Stufe?“ Ihre Stimme zittert ein wenig.
„Nur ein kleines Stück tiefer“, sagt Conni.
Frau Vogel hat endlich mit beiden Füßen Halt gefunden. Mit einer Hand nach der anderen greift sie um, um tiefer zu klettern.
„Sie haben es gleich geschafft. Nur noch eine letzte Stufe“, versucht Conni ihr Mut zu machen.
„Okay“, murmelt Frau Vogel, aber sie rührt sich nicht.
„Eine winzige Stufe. Eigentlich ist es babyleicht. Es ist nur schwer, weil wir hier so hoch oben sind“, sagt Anna. „Wenn man sich vorstellt, dass man auf der untersten Sprosse einer Leiter steht, dann geht es wie von selbst.“
„Auf der untersten Sprosse einer Leiter? Also gut!“ Frau Vogel steigt eine Stufe tiefer und steht im nächsten Moment neben den Mädchen auf der Hängebrücke.
„Stimmt, dann ist es wirklich einfach“, staunt sie. „Torben, was ist mit dir?“
Oben bleibt es still.

„Kommst du auch?“, hakt Frau Vogel nach.
„Weiß nicht“, antwortet Torben zögernd.
„Dann kommen wir eben hoch und helfen dir“, sagt Conni.
Anna schaut sie erst erschrocken an, doch dann nickt sie.
„Was wollt ihr? Nee, ich komm schon“, sagt Torben.
Aber nichts passiert.
„Wo wir’s so weit geschafft haben, wollen wir auch ganz hoch“, sagt Anna plötzlich.
„Echt?“ Conni grinst sie an und klettert dann die letzten paar Stufen zur Plattform hoch. „Ich bin oben!“
Anna macht es ihr nach.
„Hi“, nuschelt Torben verlegen und schaut sie dankbar an.
„Was ist mit Ihnen, Frau Vogel?“
„Ich bin froh, dass ich hier unten bin“, meint die. „Und jetzt kommt bitte wieder runter, ja?“
„Aber hier ist es so schön“, sagt Anna staunend. „Wie weit man hier gucken kann, unglaublich!“

In schwindelnder Höhe

Auf einmal taucht Frau Vogels Gesicht über der Plattform auf. „Ich komm doch noch mal zu euch hoch."
Dann sitzen die vier nebeneinander hoch über den Baumwipfeln und schauen in die Weite.
„Wie gefällt euch denn eigentlich die Klassenfahrt?", fragt Frau Vogel plötzlich.

„Prima“, sagt Anna sofort.
„Ganz gut“, sagt Conni gedehnt. „Nur das mit den Strichen ist doof.“
Torben, der bislang ungewöhnlich still war, nickt auf einmal. „Ja, total doof!“
„Na, hört mal …“, setzt Frau Vogel an. Doch dann überlegt sie es sich auf einmal anders. „Und wieso?“, fragt sie.
„Weil es nur Pluspunkte für Mädchensachen gibt“, meint Torben. „Bettenmachen, Aufräumen, Bravsein …“
„Aber wenn ihr nur alle macht, was ihr wollt, dann …“ Frau Vogel hebt die Arme.
„Wir sind doch hier nicht in der Schule“, widerspricht Torben. „Auf so einer Fahrt muss es doch ein bisschen anders sein. Ich meine, sonst müssten wir doch gar nicht erst wegfahren.“
„Ja“, sagt Conni. „Haben Sie nicht gesagt, es geht ums Kennenlernen? Aber in echt wollen Sie uns gar nicht kennenlernen.“
„Das stimmt ja gar nicht“, sagt Frau Vogel.
„Doch“, sagt Torben. Er überlegt. „So wie Sie das machen, ist das ein bisschen wie beim Computerspiel. Am liebsten würden Sie auf eine Taste drücken und wir laufen alle nach rechts. Dann

drücken Sie auf eine andere und wir laufen nach links. Und weil das in echt nicht so schön funktioniert, kriegt der, der nicht mitmacht, einen Strich!“
Frau Vogel schluckt. „Mit so vielen Kindern wegzufahren ist eine ganz schöne Verantwortung. Ich muss schließlich auf euch aufpassen. Was, wenn etwas passiert?“
„Deshalb die ganzen Regeln und so?“, fragt Conni.
Frau Vogel nickt.
„Aber zu viele Regeln bringen's auch nicht“, grummelt Torben.
Frau Vogel schaut ihn nachdenklich an. „Tut mir leid. Ich wollte euch eure Klassenfahrt nicht verderben. Im Gegenteil. Der Schulleiter hat gesagt, ich muss nicht mit euch fahren, weil ich ja nur die Vertretung bin. Das hätte ich auch am liebsten gemacht, weil ich so einen Bammel davor hatte. Aber dann habe ich wieder gedacht, dass ihr euch bestimmt schon so auf eure Fahrt gefreut habt. Tja.“
Sie zuckt traurig mit den Schultern.
„Es ist ja auch toll, dass wir die Fahrt machen“, sagt Conni schnell. „Und die ist auch schön. Torben und ich haben nur was gegen die Striche.“

Sie grinst ein wenig schief. „Wahrscheinlich, weil wir die meisten Minusstriche bekommen haben."
Frau Vogel lächelt sie an. „Das ist nett, dass du das sagst", meint sie. „Das mit den Strichen ist wirklich eine blöde Idee. Zugegeben. Und ansonsten hoffe ich, ihr hattet doch ein bisschen Spaß?"
„Klar", sagt Torben. Inzwischen ist er gar nicht mehr blass.
„Hallo, ihr da oben! Braucht ihr Hilfe?", ruft es plötzlich von unten. Es ist die Stimme von Herrn Wenker.
„Nein danke, wir genießen nur die Aussicht", ruft Frau Vogel zurück.
„Kommt", sagt sie dann. „Wir klettern runter, ja?"
Sie steigt zuerst hinunter. Und diesmal geht es deutlich schneller als beim ersten Mal.
„Langsam krieg ich Routine", lacht sie.
Dann ist Torben dran. Er wird schon wieder blass, aber er beißt die Zähne zusammen. Er lässt sich auf die Knie nieder und hält sich mit

den Händen an den Griffen fest. So fest, dass die Knöchel ganz weiß werden. Vorsichtig sucht er mit den Füßen Halt. Frau Vogel hilft ihm. Kaum steht er neben ihr auf dem Holzsteg, geht es ihm gleich besser.

„Wir können da vorne weiterklettern“, weiß er sofort.

„Erst einmal warten wir auf Conni und Anna“, sagt Frau Vogel entschieden.

„Darf ich vor?“, fragt Anna. „Ich will nicht als Letzte oben bleiben.“

Das will Conni eigentlich auch nicht. Doch sie nickt. Eine muss schließlich als Letzte gehen.

Als Anna unten ist, dreht auch Conni sich um. Sie umklammert die Griffe und streckt die Füße vorsichtig nach unten. Es ist wirklich ein doofes Gefühl, wenn man so ins Leere tritt.

„Nur noch ein bisschen tiefer“, sagt Frau Vogel.

Conni rutscht noch etwas mehr zum Rand. Und plötzlich tippt sie mit einem Fuß gegen die Stufe. Die nächste zu finden, ist jetzt nicht mehr allzu schwer. Geschafft!

Nacheinander laufen sie nun über die schwankende Brücke. Dabei macht Conni den

Fehler hinunterzugucken. Oje, ist das tief! Für einen Moment muss sie stehen bleiben und ruhig durchatmen. Torben, der vorangeht, ist schon bei der nächsten Station.
„Kommt, wir nehmen die Seilbahn!“, ruft er.
Seilbahn? Conni sieht nichts als ein Drahtseil, das schräg nach unten läuft. Es gibt keine Gondel, nicht mal einen Sitz. Man hakt einfach nur seine Karabiner ein und saust an ihnen in die Tiefe! Ohne sich irgendwo festzuhalten. Man schwebt einfach so in der Luft.
Auch Frau Vogel scheint das nicht ganz geheuer zu sein. „Meinst du wirklich?“, stammelt sie.
„Sie müssen keine Angst haben, das hält“, behauptet Torben fachmännisch. „Soll ich es Ihnen beweisen? Ich geh als Erster und dann sehen Sie, dass das überhaupt nicht schlimm ist. Im Gegenteil, das macht voll Spaß!“ Er schaut Frau Vogel auffordernd an. „Soll ich?“
Frau Vogel schluckt und dreht sich zu Anna und Conni um. „Was meint ihr?“
„Wir lassen Torben rutschen und dann entscheiden wir“, sagt Conni.
Frau Vogel nickt. „Dann mal los, Torben!“
Torben klickt seine Karabiner hintereinander ans

Stahlseil. „Und tschüss“, ruft er noch. Dann saust er los. Das Seil beginnt zu sirren. Torben schreit, lacht und flattert mit den Armen, als ob er fliegen würde. Schon ist er unten. Er klinkt sich aus und winkt begeistert nach oben.

„Tja, wollen wir auch?“, fragt Frau Vogel.

„Ich weiß nicht.“ Anna seufzt.

„Ich auch nicht.“ Frau Vogel lacht. „Aber es ist der schnellste Weg nach unten. Und ich fürchte, dass ich für all die Strickleitern, Balancierseile und Hängebrücken einfach keine Nerven mehr habe.“

„Ich auch nicht“, gibt Conni zu. „Und vielleicht ist das ja auch ganz lustig.“
„Gehst du diesmal vor?“, fragt Anna.
„Okay!“ Am besten nur nicht zu viel darüber nachdenken. Conni hängt die Karabiner ein. „Bis gleich“, sagt sie. Dann tritt sie ins Leere und saust los.
Oje, ist das schnell! Äste, Blätter, Hängebrücken sausen an ihr vorbei. Und dann – wumms! – ist sie unten.
Lachend schaut sie nach oben. „Ist gar nicht so schlimm!“
Als Nächstes kommt Anna angesaust und schließlich Frau Vogel.
„Puh, für heute habe ich wirklich genug“, sagt die.
„Ich glaub, ich auch“, murmelt Anna.
Torben guckt Conni herausfordernd an. „Wie wär's mit einem zweiten Wettklettern?“
„Klar“, sagt Conni. „Dann los, ich lass dir einen Vorsprung!“
Das lässt sich Torben nicht zweimal sagen: Wie ein Verrückter arbeitet er sich die Strickleiter hoch, um möglichst schnell nach oben zu kommen.

„Willst du wirklich gleich wieder klettern?", fragt Anna und steuert die nächste Picknickbank an.
„Nö", sagt Conni und setzt sich daneben. „Aber ich wollte Torben nicht den Spaß verderben. Guck mal, wie hoch er schon wieder ist!"

Voll nett ungerecht!

„Gute Nacht, schlaft gut!“ Frau Vogel knipst Punkt neun das Licht aus.
„Gute Nacht!“, antworten Conni, Lotta, Ina und Clarissa.
Still bleiben sie in ihren Betten liegen.
„Wie lange müssen wir denn noch warten?“, quengelt Ina schließlich.
„Wir können ja noch mal dein Spiel spielen“, schlägt Clarissa vor.
Das machen sie dann auch. Endlich geht in der Lehrerhütte das Licht aus.
„Los, jetzt!“ Die Mädchen kramen ihre letzten Süßigkeiten zusammen, schlüpfen in die Schuhe und schleichen nach draußen.
Sie sind auf halbem Wege, als plötzlich das Fenster der grünen Hütte aufgeht.

Schon wieder Torben! Mist! Was, wenn der gleich losgrölt?
„Pssst!“ Conni legt den Finger auf dem Mund.
„Bitte nicht verraten!“
Die Mädchen schauen ängstlich zur Hütte rüber.
Torben grinst sie frech an. Aber wenigstens brüllt er nicht herum.
Urplötzlich klappt er das Fenster wieder zu.
Conni fällt ein Stein vom Herzen. Am letzten Abend noch einmal Ärger mit Frau Vogel? Das muss echt nicht sein.
Schnell huschen die Mädchen rüber zur roten Hütte und klopfen leise.

„Da seid ihr ja!“ Billi, Serafina, Anna, Nina und Lisa hüpfen aufgeregt um sie herum. „Das war eine super Idee, Conni! Willkommen zur Pyjamaparty!“

Kaum geht die erste Chipstüte rum, klopft es wieder.
Oje, das ist bestimmt Frau Vogel! Die Mädchen halten die Luft an. Zum Verstecken ist es zu spät! Knarrend geht die Tür auf. Doch statt Frau Vogel

drängen sich Torben, Alex, Paul und Simon herein. Und die Jungs aus der blauen Hütte haben sie auch noch mitgebracht.

„Wenn wir nichts verraten sollen, müsst ihr uns schon mitmachen lassen“, meinen sie.

„Das ist Erpressung!“, japst Nina.

„Genau!“ Torben strahlt. „Wo sind die Süßigkeiten?“

„Lassen wir sie mitfeiern?“, fragt Billi.

„Wenn sie sich anständig benehmen“, meint Lotta. Conni grinst. „Na, das kann ja heiter werden!“ Und das wird es auch!

Als Frau Vogel am nächsten Morgen zum Wecken auf ihrer Pfeife bläst, finden das alle viel zu früh, um aufzustehen. Aber was sollen sie machen? Sie können den Lehrern ja nicht auf die Nase binden, dass sie am Abend zuvor so verflixt spät ins Bett gegangen sind.
„Glaubt ihr, dass die beiden wirklich nichts gemerkt haben?“, fragt Conni leise beim Frühstück. Clarissa zuckt mit den Schultern. „Fast nicht zu glauben.“
„Wir waren doch ganz leise“, meint Lotta.
„Trotzdem!“ Conni schaut zu Herrn Wenker und Frau Vogel hinüber. Anmerken lassen sie sich zumindest nichts.
Nach dem Frühstück wird es dann noch einmal spannend.
„Bevor wir fahren, gibt es ja noch die Preisverleihung!“ Frau Vogel baut sich vor der Tafel auf. „Für jeden Minusstrich wische ich jetzt einen Pluspunkt weg.“ Sie nimmt ein feuchtes Tuch und legt los.

Das Ergebnis ist eindeutig: Anna, Nina, Serafina, Billi und Lisa brechen in Jubel aus.
Frau Vogel schmunzelt. „Ja, das habt ihr wirklich gut gemacht. Und ihr bekommt auch auf jeden Fall einen Preis. Vorher aber habe ich noch ein paar letzte Punkte zu vergeben."
„Ach du meine Güte", seufzt Conni. Wie sie Frau Vogel kennt, können das ja nur Minusstriche sein.
Aber Conni irrt sich. Es sind nur Pluspunkte. Unter anderem sogar für sie und Torben, weil sie ihr im Kletterpark offen und mutig ihre Meinung gesagt haben! Und am Schluss haben alle Hütten auf einmal gleich viele Punkte.
„Huch!" Frau Vogel tut erstaunt. „Na so was! Jetzt kriegt ja jeder einen Preis!"
Conni muss grinsen. Wenn das Zufall ist, frisst sie einen Besen!
Frau Vogel holt eine Tüte aus ihrem Rucksack. „Jeder darf sich eine Sache aussuchen", sagt sie. „Nicht drängeln! Für alle ist etwas da."
Conni weiß nicht, wofür sie sich entscheiden soll: für eine Minitaschenlampe oder eine kleine Lupe?
„Ich nehme die Lupe", sagt Billi. „Eine Taschenlampe habe ich ja schon."
Stimmt, Conni nimmt auch die Lupe.

Und Clarissa hat nun endlich eine eigene Taschenlampe.

„So, jetzt heißt es packen“, sagt Frau Vogel. „Wenn vor Abfahrt des Zuges noch genug Zeit bleibt, laden Herr Wenker und ich euch zu einem Eis ein.“
Da sind die Taschen natürlich schnell gepackt. Trotz Koffer kommt Conni der Weg zum Bahnhof auf einmal ganz nah vor.
Und da wirklich noch Zeit ist, darf sich jeder im Eiscafé zwei Kugeln aussuchen. Conni nimmt Schoko und Pistazie. Billi Mango und Nuss und Anna Erdbeere mit Karamell.
„Ganz fair war das ja nicht“, meint Anna. „Ich meine, dass am Schluss alle gewonnen haben.“
„Stimmt“, sagt Conni. „Aber nett war es schon.

Und nett ungerecht ist nicht schlimm, oder?"
„Eigentlich ist das sogar ziemlich toll", lacht Lotta und schleckt genüsslich an ihrem Eis.
In dem Moment dudelt Frau Vogels Handy. Schnell kramt sie es aus der Tasche.
„Das ist ja eine nette Nachricht!", meint sie überrascht und lässt das Smartphone herumgehen. „Schaut doch mal!"
Neugierig nimmt Conni das Handy. Ein Foto ist zu sehen. Von Frau Reisig mit ihrem Gipsbein.

Liebe Frau Vogel, liebe Kinder,
heute kam Euer Brief an. Über den wunderschönen Blumenstrauß habe ich mich riesig gefreut: vielen, vielen Dank!
Eure guten Wünsche helfen bestimmt.
Und ich hoffe, dass wir uns dann in sechs Wochen wiedersehen.
Viel Spaß noch im Klassencamp!
Herzliche Grüße
Sabina Reisig

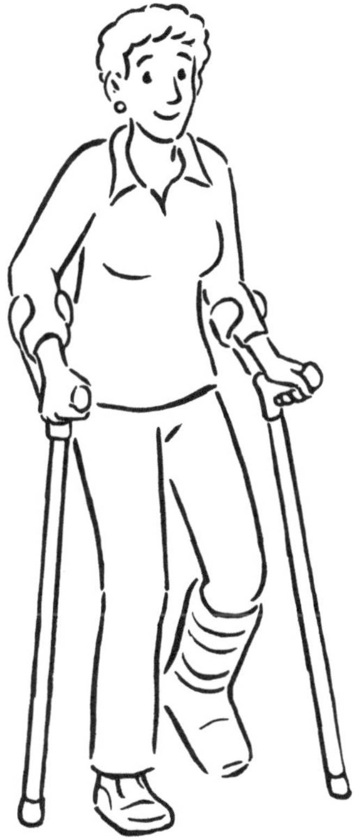

„Sie kommt erst in sechs Wochen wieder?“, ruft Lotta. „Wer unterrichtet uns denn solange?“
Frau Vogel räuspert sich. „Das werde ich wohl sein.“
„Echt?“, fragt Torben nach.
Frau Vogel nickt. „Ich hoffe, das findet ihr nicht allzu schlimm?“
Herr Wenker blickt auf die Uhr. „Oh, jetzt aber schnell. Sonst verpassen wir noch unseren Zug!“
Sofort greift jeder sein Gepäck. Nur gut, dass der Bahnhof ganz in der Nähe ist.
Kaum sind sie auf dem Bahnsteig, kommt schon der Zug.
„Los!“ Die Mädchen steigen schnell ein. Sie wollen nämlich alle zusammensitzen. Und es klappt!
„Ich bin froh, dass wir nicht schon gestern gefahren sind“, gibt Lotta zu.
„Ich auch“, sagt Ina. „Sonst hätten wir glatt das Beste verpasst!“
„Irgendwie ist Frau Vogel jetzt viel netter geworden“, meint Lotta.
„Finde ich auch“, sagt Conni.
Serafina nickt. „Trotzdem freue ich mich schon auf Frau Reisig.“
„Alles in Ordnung bei euch?“ Frau Vogel macht

eine Runde durch den schwankenden Zug.

„Alles bestens“, sagt Conni schnell.

Frau Vogel bleibt für einen Moment stehen.

„Und? Wie hat euch die Klassenfahrt gefallen?“

„Super!“, sagt Anna.

„Mir auch.“ Frau Vogel lächelt ihnen zu. „Ein paar Wochen haben wir ja noch zusammen. Und darauf freue ich mich!“

„Wir uns auch!“, sagt Conni. Und das meint sie auch so.

Weiterlesen? Weiterlesen!

Hier kommt eine Leseprobe aus dem nächsten Conni-Abenteuer: „Conni und das Familienfest“.

* *

„Und die stechen wirklich nicht?“, fragt Conni.
„Ach was“, winkt Opa ab und öffnet die Terrassentür. „Meine Bienen sind die liebsten Tierchen der Welt.“
Ganz hinten in Opas Garten, vor der hohen Hecke, stehen zwei große Bienenkästen. Opa sieht ein bisschen wie ein Außerirdischer aus. Er trägt einen großen Imkerhut mit einem Schleier vorm Gesicht. Sowie ein langes weißes Hemd mit Gummizug an den Ärmeln, damit dort keine Biene reinkrabbelt.
Stolz dreht er sich nun zu Conni und Jakob um. „Wollt ihr wissen, wie die Bienen wohnen?“
„Klar“, ruft Jakob.
„So ein Bienenkasten besteht aus verschiedenen Etagen“, erklärt Opa. „Da unten, über dem Einflugloch, ist die Brutkammer, in der die Königin ihre Eier legt. Daraus schlüpfen dann lauter neue Bienen. Und dadrüber befindet sich der Honigraum, in dem die Bienen den Nektar sammeln.“ Opa lacht. „Da hängen Waben voller Honig. Und den hole ich mir jetzt.“
„Sind die Bienen nicht sauer, wenn du ihnen den Honig klaust?“, fragt Conni.
„Ich klaue ihn nicht, ich tausche“, stellt Opa klar. „Die

Bienen bekommen von mir dafür diese schicke Wohnung und im Winter Zuckerwasser."

Opa fummelt an einer Blechbüchse herum, klappt sie auf und zündet darin Späne an.

„Das ist mein Smoker", meint er. „Mit dem Rauch lenke ich die Bienen ab. Die denken, es ist Feueralarm, und beachten mich gar nicht weiter."

Opa nebelt seine Bienen gehörig ein. Und nicht nur die! Conni wedelt mit den Händen. Puh, stinkt das!

Dann schaut sie neugierig zu, wie Opa den Deckel anhebt. Im Kasten hängen lauter Rähmchen dicht nebeneinander. Behutsam zieht Opa eines hervor. Darin haben die Bienen eine Honigwabe gebaut.

„Schaut euch das an, fast alle Zellen sind mit Wachs verschlossen. Und darunter ist der Honig", sagt Opa vergnügt. „Mein allererster eigener Honig!"

Wenig später sitzen die vier im Sonnenschein auf der Terrasse und trinken Kakao und Kaffee.

„Wie bist du eigentlich auf die Idee mit den Bienen gekommen?", erkundigt sich Conni.

„Mein Freund Otto hat welche", erzählt Opa. „Imkerei hat mich schon immer fasziniert. Otto steht mir übrigens mit Rat und Tat zur Seite. Ich hab ihm auch schon öfters bei seiner Honigernte geholfen und dabei alles gelernt."

„Können wir Mama und Papa ein bisschen Honig mitbringen?", fragt Conni.

„Ich hab mir gedacht, dass ihr zu meinem Geburtstag alle ein Gläschen davon bekommt."
„Au ja", ruft Conni begeistert. Dann schaut sie Opa ungläubig an. „Wirst du wirklich schon siebzig?"
„Siebzig? Ich? Wer hat dir denn das erzählt?", grummelt Opa.
„Na, Papa und Mama", sagt Conni.
„Und Oma auch!", ruft Jakob dazwischen.
„So?", knurrt Opa. „Ich weiß gar nicht, warum die so ein Brimborium darum machen. Am besten, ich verreise!"
„Willst du denn gar nicht mit uns feiern?", ruft Conni.
Opa schaut sie an. „Wollt ihr das denn?"
„Aber natürlich!", ruft Conni.
„Ich mache aber keinen Kindergeburtstag", sagt Opa. „Dass das klar ist."
„Opa beim Topfschlagen!" Conni muss kichern.
„Ihr wollt wirklich zu so einem langweiligen Erwachsenengeburtstag kommen?"
„Ja!", rufen Jakob und Conni.
Opa kratzt sich sein spärliches Haar. „Na, schön. Dann feiern wir ein bisschen. Aber nur in ganz kleinem Rahmen."
„Gebongt!", ruft Oma und strahlt.

* *

Julia Boehme
Conni und das Familienfest
112 Seiten
ISBN 978-3-551-55615-8
erscheint im Frühjahr 2015

Wenn du wissen willst, wann der nächste Conni-Band erscheint, dann abonniere den kostenlosen Conni-Newsletter mit allen Neuigkeiten für Conni-Fans!

Conni-Club
conni-club.de

Umschlag- und Innenillustrationen: Herdis Albrecht
Lektorat: Susanne Schürmann
Lettering: Björn Liebchen, Hamburg
Lithografie: ReproTechnik Ronald Fromme, Hamburg
Druck und Bindung: GGP Media GmbH, Pößneck
ISBN 978-3-551-55614-1
Printed in Germany

Mehr über Conni findest du unter: www.conni.de

Anna, Billi und ich
Wir sind unzertrennlich!
Dachte ich zumindest …

Clarissa, Ina, Lotta
Ich wusste gar nicht,
wie nett die drei sind!

Meine ganze Klasse!
Das sind wir alle. Klasse, was?!